Desafios à humanidade
perguntas para a Rio+20

Desafios à humanidade
perguntas para a Rio+20

CRISTOVAM BUARQUE

Editora intersaberes

EDITORA intersaberes

Rua Clara Vendramin, 58 . Mossunguê
CEP 81200-170 . Curitiba . PR . Brasil
Fone: (41) 2106-4170
www.intersaberes.com
editora@editorainteresaberes.com.br

Conselho editorial	Dr. Ivo José Both (presidente)
	Drª. Elena Godoy
	Dr. Nelson Luís Dias
	Dr. Ulf Gregor Baranow
Editora-chefe	Lindsay Azambuja
Supervisora editorial	Ariadne Nunes Wenger
Analista editorial	Ariel Martins
Preparação de originais	Keila Nunes Moreira
Capa e projeto gráfico	Sílvio Gabriel Spannenberg
Imagem da capa	Caleb Kimbrough
Iconografia	Danielle Scholtz

1ª edição, 2013.
Foi feito o depósito legal.

Dados Internacionais de Catalogação na Publicação (CIP)
(Câmara Brasileira do Livro, SP, Brasil)

Conferência das Nações Unidas sobre Desenvolvimento
    Sustentável (1.: 2012: Rio de Janeiro)

Desafios à humanidade: perguntas para a Rio+20 / Cristovam
Buarque. – Curitiba: InterSaberes, 2013.

Bibliografia.
ISBN 978-85-65704-65-6

1. Conferência das Nações Unidas sobre Desenvolvimento
Sustentável (1.: 2012: Rio de Janeiro) 2. Desenvolvimento
econômico – Aspectos ambientais 3. Desenvolvimento sustentável
4. Ecologia 5. Meio ambiente 6. Problemas sociais I. Título.

12-06402   CDD-363.7

Índice para catálogo sistemático:
1. Desenvolvimento sustentável: Conferências 363.7

Informamos que é de inteira responsabilidade do autor a emissão de conceitos.
Nenhuma parte desta publicação poderá ser reproduzida por qualquer meio ou forma sem a prévia autorização da Editora InterSaberes.
A violação dos direitos autorais é crime estabelecido na Lei nº 9.610/1998 e punido pelo art. 184 do Código Penal.

Sumário

Nota 9
Apresentação 11

Recursos 13
Água: como conservá-la 15
Energia: para que e como produzi-la 17

Economia 19
Economia natural: como dominá-la 21
Crescimento econômico: até onde 24
Economia consciente: como conseguir 27
Economia verde: que limites tem 29
Crescimento destrutivo: como barrá-lo 31
Decrescimento: por que e como construir 33
Desenvolvimento sustentável: o que é e como consegui-lo 35
Economia solidária: como fazer 37
Economia do tempo livre: como valorizar e estimular o tempo livre para o ócio criativo 39
Economia da cultura: como considerar o valor da criação cultural 41
Ciência econômica: como reinventá-la? 43
Bancos: como utilizá-los 45
Governos: como orientá-los 47
Moeda: como reduzir a monetarização da civilização 49
Dívidas: como usá-las 50

Padrões 51
Novos indicadores para a qualidade de vida: como defini-los e disseminá-los 53
Padrões de consumo: como modificá-los 55
Padrões de produção e distribuição: como conseguir uma eficiência inteligente e justa 57

Saber 59
Ciência e tecnologia: como subordiná-las a valores éticos 61
Conhecimento: quando saberemos 63
Robotização: como beneficiar-se dela 65

Terra 67
Mudanças climáticas: como evitar e se adaptar 69
Biodiversidade: como mantê-la 71
Animais: como respeitá-los 73
Lixo: como tratá-lo 75
Desertificação: como regredi-la 77
Oceanos e espaço: a quem pertencem 79

Sociedade 81
Pobreza: como superá-la 82
Solidariedade: como despertá-la 85
Cidades: o que fazer 87
Trabalho: o que será no futuro 89
Saúde: como conquistá-la 90
Desigualdade: como reduzi-la 93
Habitação: como fazê-la sustentável e para todos 95
Desemprego: como evitá-lo e como conviver com ele 97
Transporte: como reduzir o tempo perdido 99
Alimento: como produzir para satisfazer às necessidades em equilíbrio ecológico 101
Drogas: como evitá-las 103
Escravidão: como aboli-la 105
Crime: como controlar 107

Política 109
Estados inviáveis: como se solidarizar com eles 111
Governança: como administrar as soluções 113

Demografia 115
População: crescimento e desafios 117
Migração: como conviver com ela 119
Envelhecimento: como organizar uma sociedade com maioria de velhos 121

Refugiados: como cuidar deles 123

Cultura 125
Cultura: como tê-la como objetivo e manter sua diversidade 127
Comunicação: como usá-la para a liberdade 129
Idiomas: como integrar sem destruir 131
Educação: a ponte entre classes e gerações 133
Universidade: como reinventá-la para uma qualidade desencastelada 135
Arquitetura: como dialogar com a natureza? 137

Riscos 139
Vulnerabilidade: como evitá-la 140
Tráfico: como impedi-lo 143
Desarmamento: como conseguir 144
Individualidade: quais os limites da privacidade e como assegurá-la? 147

Filosofia 149
Felicidade: como facilitar o seu caminho 151
Condição humana: qual é 152
Antropoceno: como administrar 155
Utopia: como sonhar 156
Tempo: o que fazer com ele 159
Valores morais: como evoluir 161
Ideologias: quais serão 162

Civilização 165
Civilização: para onde ir 167
Metamorfose civilizatória: como fazer 169
Novo humanismo: como defini-lo 171
Retórica: como apresentar o caminho de um novo humanismo 173

Nota sobre o autor 174

"Os homens de minha geração demonstraram que está ao alcance do engenho humano conduzir a humanidade ao suicídio. Espero que a nova geração comprove que também está ao alcance do homem abrir caminho de acesso a um mundo em que prevaleçam a compaixão, a felicidade, a beleza e a solidariedade".

(Celso Furtado)

Nota

A Comissão de Relações Exteriores e Defesa Nacional do Senado, presidida pelo Senador Fernando Collor*, criou uma subcomissão para acompanhar os trabalhos da Reunião Rio+20. O evento, que acontecerá 20 anos depois da Eco-92, reunirá chefes de Estado e de governo para avaliar as últimas duas décadas e discutir o futuro da humanidade nos seus aspectos ecológicos e sociais.

A subcomissão quer realizar esse debate sobre os problemas previstos para o futuro. Esperamos que esse encontro sirva para, em primeiro lugar, mobilizar a opinião pública, especialmente a dos os jovens, para os riscos e as alternativas adiante; e, em segundo lugar, para elaborar propostas que sejam levadas ao governo brasileiro e sirvam como base para o documento que será lançado na reunião de cúpula.

Embora os temas escolhidos tenham ficado restritos à agenda oficial da Organização das Nações Unidas (ONU), queremos ir além e debater outros temas. Por essa razão, esse pequeno documento apresenta uma lista mais ampla desses temas-problema, para que a sua discussão possa se dar mesmo em ambientes externos à subcomissão, especialmente nas universidades e, ainda mais, entre os alunos do ensino médio.

Cristovam Buarque
Presidente da Subcomissão Permanente de Acompanhamento da Rio+20 e do Regime Internacional sobre Mudanças Climáticas

---

* Cabe lembrar que o Senador Collor era o Presidente da República no momento da realização da cúpula de 1992. Foi ele quem sugeriu a ideia da Rio+20 ao presidente Lula, que a levou à ONU, onde foi aprovada.

Apresentação

O casamento iluminista entre o progresso, a democracia e a justiça está ameaçado. Identificado como *crescimento econômico*, o progresso apresenta limites ecológicos. Isso porque os recursos naturais não são suficientes para atender a todos os habitantes da Terra com os padrões de consumo dos ricos do mundo. Dessa forma, o progresso, a justiça e a democracia não conseguem manter o casamento, pois a alternativa de crescimento pelo consumo nos padrões dos ricos para todos provocará o colapso ecológico.

Uma vez que incluir todos os habitantes do mundo no mesmo padrão dos ricos é impossível, uma alternativa, que parece em marcha, seria manter o mesmo rumo do progresso-crescimento apenas para poucos. Outra solução seria optar pelo crescimento (a técnica), deixando de lado a justiça (a ética), para salvar o modelo da civilização que exclui parte substancial dos habitantes da Terra, eliminando-os dos benefícios do progresso. É a opção da exclusão social.

No lugar da **Cortina de Ferro**, que separava países por regime político e social, forma-se uma **Cortina de Ouro**, que separa pobres e ricos, serpenteando o Planeta, cortando países e separando populações. Internamente, as populações de cada país se integram em um mesmo modelo global de consumo e cultura, formando um **Primeiro Mundo Internacional dos Ricos**; externamente, as populações se diferenciam em modelos de consumo e estilo de vida, formando um arquipélago de comunidades pobres, o **Gulag Social liberal**.

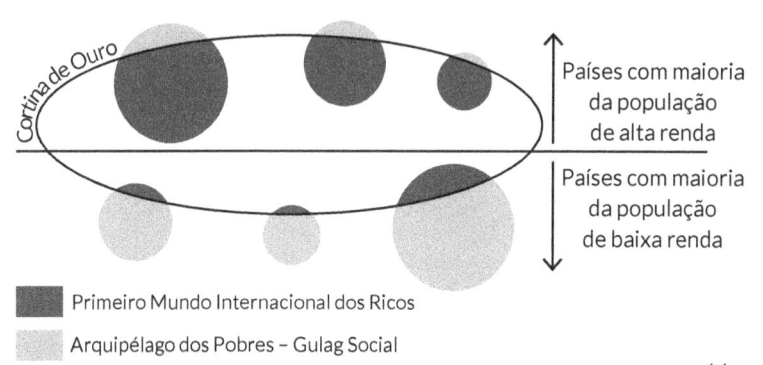

Cada país fica dividido em duas populações: as que estão dentro da **Cortina de Ouro** e formam o **Primeiro Mundo Internacional dos Ricos** e as que estão fora e formam o **Social de Pobres Excluídos**.

Nesse sentido, se não quisermos manter a exclusão por apartação – o *apartheid* social –, o caminho será reorientar o modelo de civilização, ou seja, mudar valores, propósitos, meios de produção, gostos de consumo, mentalidade predominante e o papel da tecnologia.

A chance para essa reorientação – **a metamorfose do atual modelo em um novo** – está na Reunião de cúpula de 2012, a "Rio+20". Porém, para que essa reunião tenha sucesso, são necessárias disponibilidade de infraestrutura, presença de chefes de Estado e governo com representatividade e elaboração de uma "carta do Rio para o mundo".

A sociedade civil pouco pode fazer em relação à infraestrutura e à representatividade, mas pode ajudar a debater os temas e a elaborar propostas para cada problema que a humanidade enfrenta e para a questão de qual sistema civilizatório poderá conduzir a humanidade de forma sustentável, sendo capaz de elevar o bem-estar de todos e manter o equilíbrio entre os seres humanos e o resto da natureza.

Mas este é um tempo predominantemente de perguntas, e não de respostas. Assim, é com a finalidade de provocar o debate que apresentamos uma lista de questionamentos, os quais serão expostos nos capítulos deste livro.

Recursos

Panther Media

Panther Media

Água: como conservá-la

Crescimento demográfico, inclusão social, poluição industrial e urbana ameaçam a disponibilidade de água potável no mundo. Já há sinais de guerras por água entre países. É preciso definir regras que permitam eliminar desperdícios, recuperar e reciclar a água potável disponível e desenvolver técnicas que possam levar ao aumento da oferta dessa água.

Perguntas:
1. Em quanto tempo a água poderá ser um recurso escasso e quais os riscos de faltar água potável no futuro?
2. Como prevenir a escassez, eliminar o desperdício, proteger a qualidade e dessalinizar a água?
3. Que outras soluções técnicas existem?
4. Há o risco de guerras futuras por água?

Ricardo Azoury

Energia: para que e como produzi-la

A emissão de dióxido de carbono e a escassez de fontes energéticas foram os primeiros sintomas da crise ecológica. A primeira, poluindo e ameaçando o ambiente; a segunda, ameaçando a economia.
A equação energética – menos consumo e novas fontes – é um dos principais problemas para a construção do futuro da civilização.

Perguntas:
1. A saída está mais no aumento da oferta ou na redução da demanda?
2. É melhor explorar petróleo no Polo ou energia solar no Saara?
3. Temos escassez de fontes, excesso de consumo ou falta de tecnologia?
4. É mais grave, para a humanidade, a falta de energia no futuro ou a má distribuição do seu consumo no presente?
5. No atual nível de conhecimento científico e tecnológico, onde, geograficamente, estão as fontes de energia?
6. Com o nível esperado de conhecimento científico e tecnológico, dentro de 30 anos, onde, geograficamente, estarão as fontes de energia?
7. Como ampliar a produção doméstica de energia em cada país?
8. Quais são os *lobbies* mais fortes: os petroleiros, os barrageiros, os carvoeiros ou os nucleares?
9. No futuro, quais serão os beneficiados e quais serão os prejudicados de acordo com as fontes de energia?
10. Como definir um modelo produtivo e de consumo que exija menos energia?
11. Quais as fontes eficientes nos sentidos econômico, social e ecológico?
12. Como evitar os problemas provocados pelas grandes hidrelétricas?

13. Quais os riscos da energia nuclear?
14. Quais as possibilidades e como desenvolver as fontes eólica e solar?
15. Que outras fontes podem ser previstas?

Economia

Panther Media

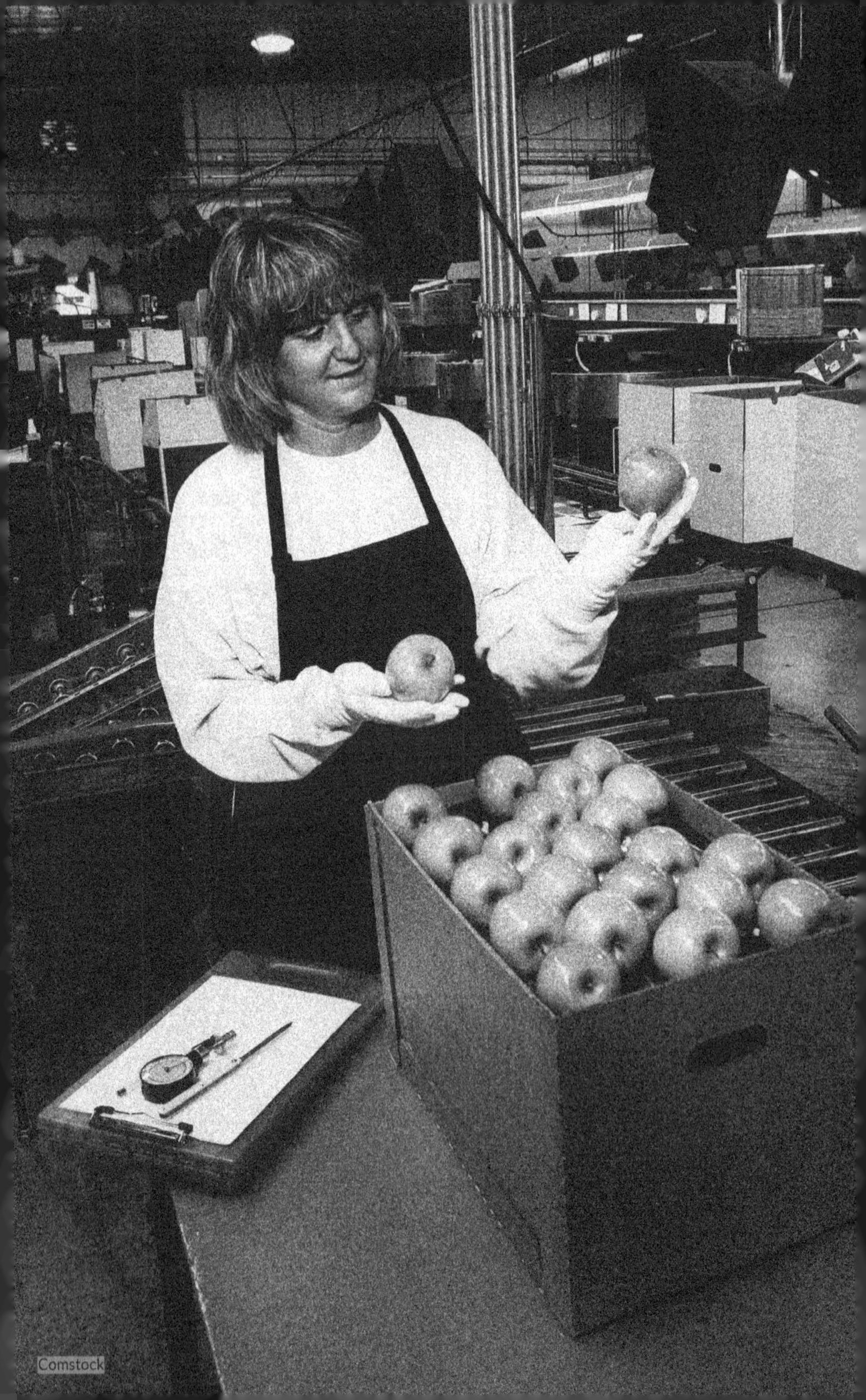
Comstock

Economia natural: como dominá-la

A sobrevivência da fauna se dá em uma interação direta com a natureza; por sua vez, a economia dos seres humanos se dá por meio da intermediação do trabalho e suas ferramentas para a produção de bens e serviços antes de estes serem consumidos.

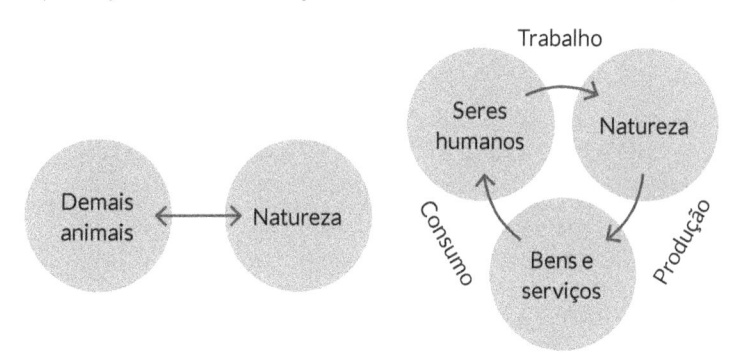

Diagrama: Demais animais ↔ Natureza | Seres humanos —Trabalho→ Natureza —Produção→ Bens e serviços —Consumo→ Seres humanos

A economia é o processo pelo qual a natureza, por meio do trabalho humano, direto ou sob a forma de capital, transforma as pedras, as plantas e os animais em produtos dos seres humanos. Essa economia natural tem sido resultado do uso da inteligência para produzir com mais eficiência técnica, porém, sem ética. A técnica foi evoluindo naturalmente, sem propósitos éticos predefinidos por uma vontade consciente do futuro em construção.

O resultado é uma economia natural que trata a transformação de pedras, plantas e animais sem um propósito transcendente, que vá além de manifestações puramente naturais. Trata-se da evolução natural que separa os seres humanos dos demais animais, dando-lhes uma mente lógica, mas não necessariamente propósitos resultantes da consciência de uma vontade moral, aos quais essa lógica serviria. Essa racionalidade sem valores morais mantém a humanidade usando seus cérebros, sem orientação, para realizar propósitos que estejam além da simples lógica – uma orientação definida por valores morais. A evolução da economia levou a um imenso acúmulo de riquezas materiais, à redução das necessidades básicas e à melhoria do conforto para uma parcela da população, mas gerou sociedades vazias e uma natureza ameaçada.

Desde o seu nascimento, como consequência da Revolução Industrial, a ciência econômica vem dominando o imaginário dos seres humanos, tanto quanto a religiosidade dominou em épocas anteriores. O Renascimento e a consequente Revolução Industrial pareciam libertar os homens dos mitos religiosos, mas, em vez disso, as catedrais foram substituídas pelos *shoppings centers*, que sintetizam a comunhão pelo consumo. Trata-se de uma espécie de teologia do "deus progresso", baseada na produção de bens de consumo. Além do fracasso ontológico, essa teologia tem demonstrado, também, uma fragilidade epistemológica.

A utilização do trabalho e de ferramentas é resultado de uma estrutura mental mais sofisticada, até superior, que pode ser chamada de *racionalidade*. Porém, essa forma de pensar tem sido apenas o resultado do exercício natural do cérebro de cada ser humano, assim como é natural aos demais animais ter o cérebro limitado.

O produto da economia humana é muito maior do que a "economia simbiótica" dos demais animais. A economia humana apresenta uma racionalidade na forma de produzir, mas visa basicamente o mesmo que eles: atender a necessidades, mesmo que, no caso humano, estas sejam o resultado de desejos que vão além da simples sobrevivência. Nesse sentido, o consumismo não passa de uma forma mais ampla e sofisticada da realização natural de qualquer espécie de animal; a demanda é apenas uma ampliação das necessidades que caracterizam o mundo dos seres vivos. Embora seja diferente por causa da utilização de ferramentas, a economia dos seres humanos pode ser considerada diferente da economia dos demais animais apenas pelo tamanho de sua ganância.

Perguntas:
1. Como construir uma ciência da redução da escassez a da pobreza no lugar do aumento da abundância dos ricos?
2. Como incorporar a ética ao sistema da ciência econômica?
3. Como valorizar os bens intangíveis da ética e da estética?
4. Como valorizar o tempo livre e a natureza?

Crescimento econômico: até onde

A crise financeira dos últimos anos serve para comprovar um quadro de esgotamento. O equilíbrio das finanças privadas depende da redução no nível de empréstimos e do controle dos gastos públicos. Esses dois movimentos provocam a redução na demanda, diminuindo a produção e criando impacto social negativo, simultaneamente à queda do emprego e à redução na oferta de serviços públicos. Sem equilíbrio fiscal, corre-se o risco de inflação e a retomada do crescimento agrava a depredação ambiental. Todos os indicativos mostram o esgotamento do modelo civilizatório baseado no crescimento econômico.

A ideia de impor limites ao crescimento tem origem ainda no começo da civilização industrial, com as formulações de Robert Malthus. Segundo ele, a população crescia mais depressa que a capacidade de produção de alimentos. O resultado seria a exaustão econômica ou o equilíbrio às custas de guerras, epidemias e fome, o que estancaria o crescimento humano.

Graças ao avanço científico e tecnológico, a realidade mostrou que não havia limites para o crescimento. Não apenas ela podia fazer crescer a população, como também aumentar o consumo *per capita*, não apenas de alimentos, mas também de bens industriais. Por dois séculos, o malthusianismo virou sinônimo de fracasso do pensamento. Mas, a partir do final do século XX, no anos 1970, quando o Clube de Roma publicou o revolucionário relatório "Os limites ao crescimento", surgiu um novo livro malthusiano, dessa vez com o uso de instrumentos matemáticos refinados, dados estatísticos amplos e manuseio por computadores. Desde então, a realidade tem passado a percepção de esgotamento na capacidade de crescer da humanidade: o crescimento parece ter chegado ao seu limite.

Esse relatório mostrou os limites ao crescimento pelo esgotamento dos recursos materiais; porém, a partir das últimas duas décadas do século XX, percebeu-se também os limites derivados do aquecimento global. No lugar de quadros estatísticos, a humanidade passou a ver as geleiras derretendo, os cumes dos montes sem gelo ou neve, o nível do mar subindo etc. Os limites ao crescimento passaram a ser vistos na realidade.

Perguntas:
1. Quais as bases científicas para indicar os limites do crescimento?
2. Quais os entraves que provocam os limites ao crescimento?
3. Quais as direções para um crescimento alternativo?

Delfim Martins

Economia consciente: como conseguir

O crescimento econômico da civilização industrial é um dos maiores feitos da lógica humana – mas de uma lógica sem consciência. Trata-se do poder de dar respostas sem escolher os problemas. O objetivo está determinado como um propósito natural, como se a humanidade surgisse das bestas para agir usando o poder de seu formidável cérebro, sem, no entanto, escolher o destino de suas ações lógicas, mas inconscientes.

O futuro, no entanto, exige um crescimento baseado não apenas na lógica, mas também na consciência; não apenas que oriente ações, mas também que escolha o propósito delas. A economia consciente, ou humanista, diferente da economia natural ou animal, deve tratar o crescimento não como o propósito do sistema econômico, mas como uma das bases de uma economia que não provoque desemprego; utilize a natureza sem depredá-la; não considere com valor positivo os produtos negativos, tais como armas e drogas nocivas; busque construir o bem-estar mais do que apenas ampliar a soma dos valores dos produtos.

Perguntas:
1. Como colocar a lógica da economia natural sob propósitos que propiciem o bem-estar, a justiça, o equilíbrio ecológico e a paz?
2. Como substituir o propósito animal do crescimento e do consumismo por um propósito humanista na relação dos seres humanos com as pedras, as plantas e os demais animais da natureza?

Panther Media

Economia verde: que limites tem

A proposta da economia verde tem consistido em a economia continuar crescendo, fabricando os mesmos produtos, no entanto, substituindo os insumos fósseis por renováveis. Tudo indica, porém, que esse modelo não bastará para reorientar corretamente os rumos da civilização. O problema de transporte urbano não está na substituição do combustível, mas na substituição do próprio transporte – do privado para o público. O problema não está na ineficiência ecológica, mas na ineficiência espacial e temporal do automóvel privado, que ocupa o espaço urbano e consome a vida nos engarrafamentos, quando não a consome por meio de acidentes.

Perguntas:
1. É possível crescer com economia verde sem mudar padrões de consumo?
2. Quais estratégias serão capazes de executar a economia verde no mundo?
3. O que a economia verde oferece para outros objetivos, tais como tempo livre e atividades lúdicas?
4. Apenas a política de preços será capaz de reorientar a economia atual para a economia verde?
5. Que setores da ciência e da tecnologia devem ser incentivados a fim de promover um *saber verde*?

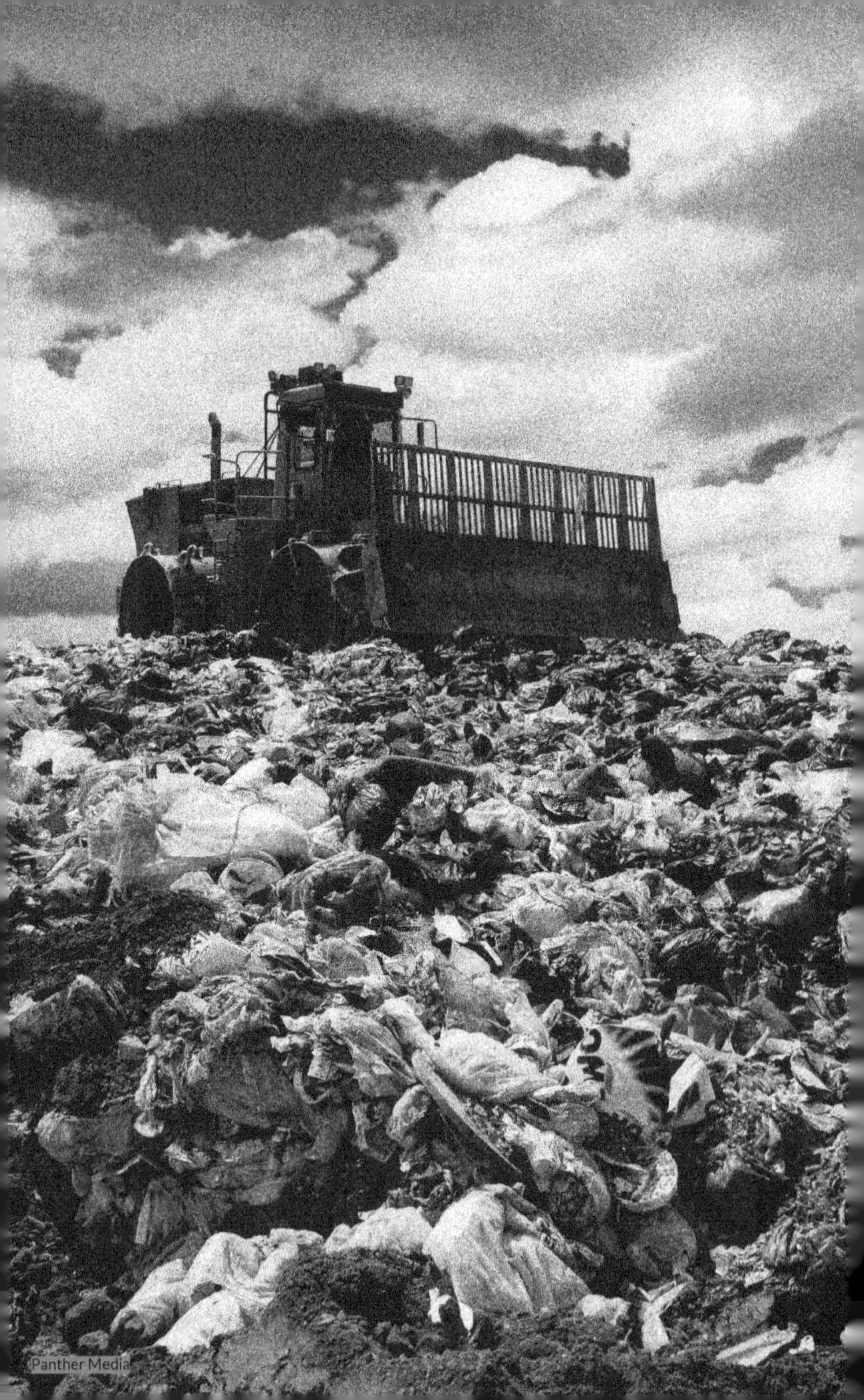
Panther Media

Crescimento destrutivo: como barrá-lo

Para o incendiário, as cinzas são um bonito produto de seu trabalho; para o demolidor, o produto está no monte de destroços. Da mesma forma, também a economia natural provoca um crescimento que, apesar de todos os seus bons produtos, nega-se a perceber as cinzas e os destroços advindos deles. O Produto Interno Bruto (PIB), na qualidade de indicador do crescimento, não considera os destroços nem as cinzas de seu processo. A economia do futuro precisa eliminar esses destroços e cinzas, que aparecem, por exemplo: no tempo perdido pelas pessoas; na desarticulação das famílias; no endividamento de nações, empresas e indivíduos; na depredação da natureza, no vazio existencial e na "irracionalidade" do consumismo. Com a eliminação desses elementos causadores de destruição, será possível caminhar para uma economia construtiva.

Perguntas:
1. Quais impactos da economia natural podem ser considerados "destroços"?
2. Como reorientar a economia para eliminar os destroços que ela cria?

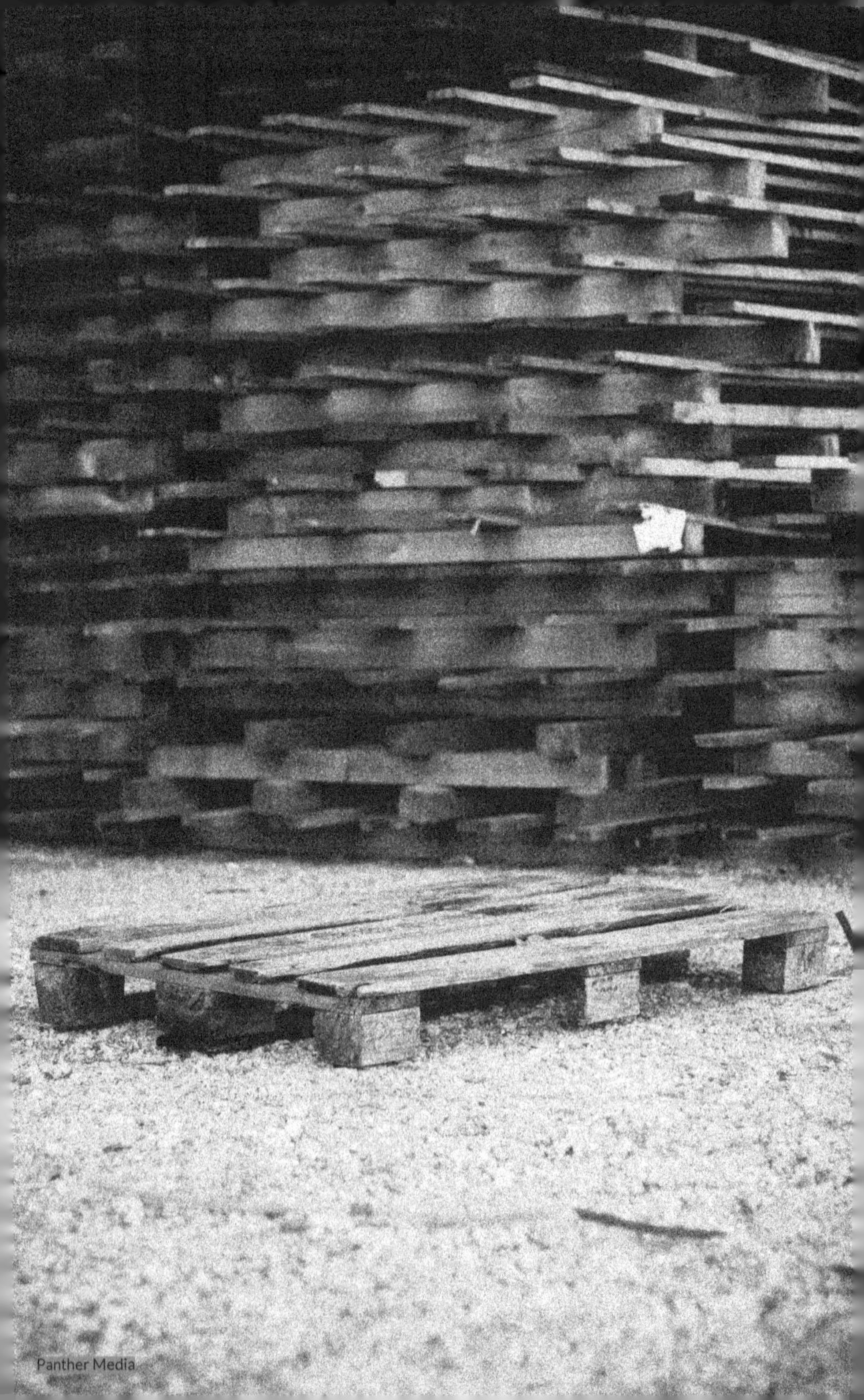
Panther Media

Decrescimento: por que e como construir

Depois de, pelo menos, dois séculos do paradigma do crescimento econômico como propósito, começa a surgir a proposta de promover o decrescimento do PIB, como forma de ampliar o bem-estar e garantir o equilíbrio ecológico. A ideia tem sido apresentada sob diversas formas, tais como "decrescimento feliz" e "prosperidade sem crescimento".

Perguntas:
1. Será possível aumentar o bem-estar social e facilitar a busca da felicidade pessoal por meio da diminuição do PIB?
2. Como a diminuição da produção geral pode acontecer com a elevação do consumo das camadas de baixa renda?
3. Como fazer decrescimento com inclusão social?
4. Como substituir os bens privados e materiais pelos bens públicos e imateriais?
5. Como ser mais feliz consumindo menos?
6. Como decrescer a produção sem causar desemprego e aumentando o nível de ocupação dos adultos?
7. Como convencer a sociedade, secularmente viciada no crescimento, de que o decrescimento é uma proposta séria?

Panther Media

Desenvolvimento sustentável: o que é e como consegui-lo

O desenvolvimento sustentável tem sido apresentado como a alternativa ao atual modelo predatório de desenvolvimento. O conceito, porém, ainda não está suficientemente consolidado, nem teoricamente nem politicamente. Sobretudo porque ele vem sendo apropriado e apresentado como uma forma de liberar o crescimento limitado pela ecologia, e não de dominá-lo e reorientá-lo a serviço do bem-estar.

Perguntas:
1. O que significa *desenvolvimento sustentável*?
2. Qual a diferença entre desenvolvimento sustentável, economia verde e decrescimento?
3. Como combinar sustentabilidade ambiental com justiça social e democracia?
4. Como será a passagem do desenvolvimento econômico depredador para o desenvolvimento sustentável?

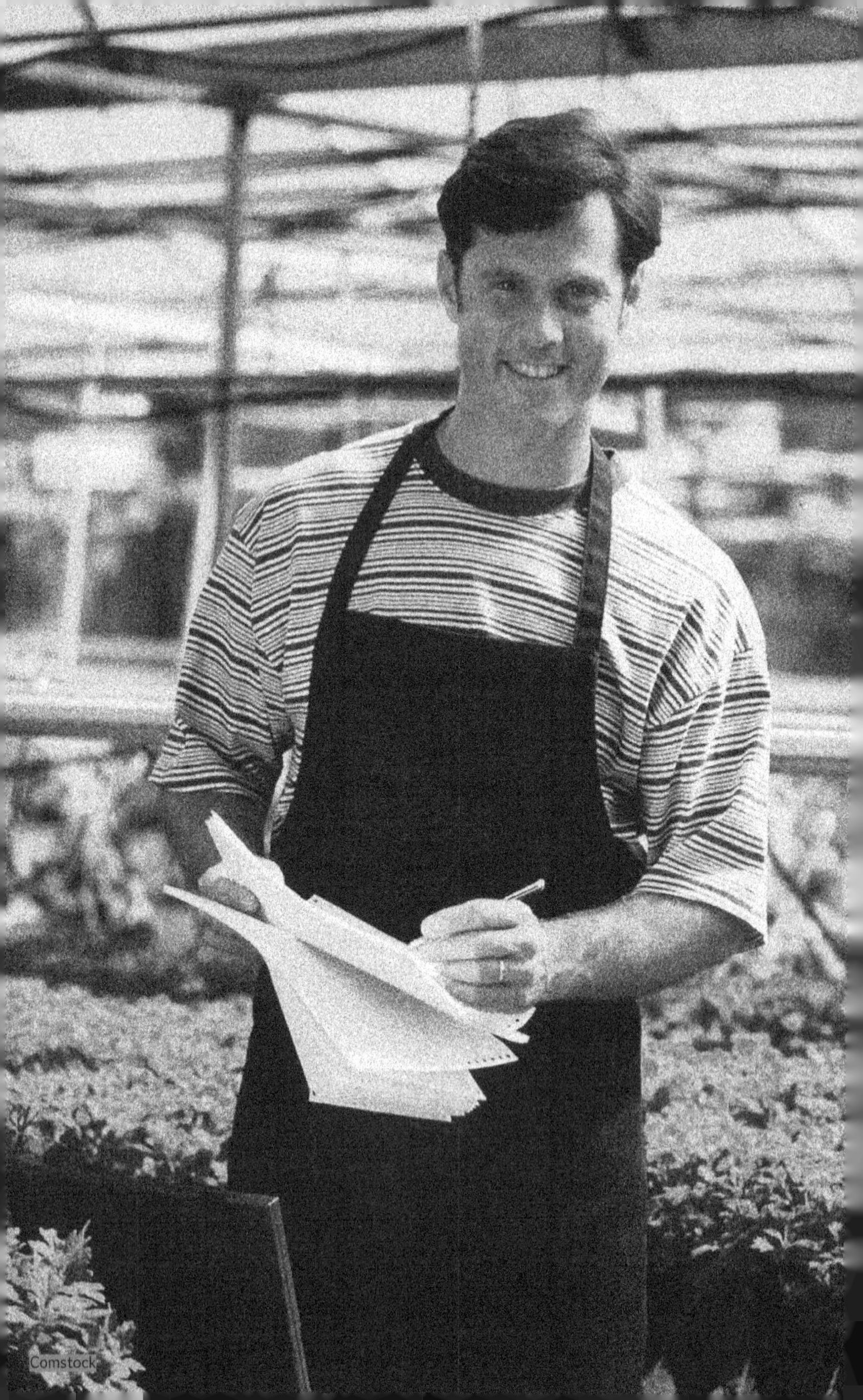
Comstock

Economia solidária: como fazer

A economia de escala crescente e a mercantilização liberal têm sido instrumentos de exclusão social. Diversas experiências mostram as possibilidades de economia com cooperação produtiva, financiamento aos pequenos produtores e, até mesmo, moedas alternativas. Trata-se da economia solidária, por meio da qual é possível fazer inclusão social e mobilização econômica.

Perguntas:
1. Como montar redes de economia solidária, com microcrédito, assistência técnica e cooperativismo, capazes de incorporar, pelo empreendedorismo, bilhões de excluídos organizados em pequenas unidades de produção em redes?
2. Como, no lugar de excluir, globalizar os pequenos produtores?
3. Qual a capacidade competitiva da economia solidária no mundo global?

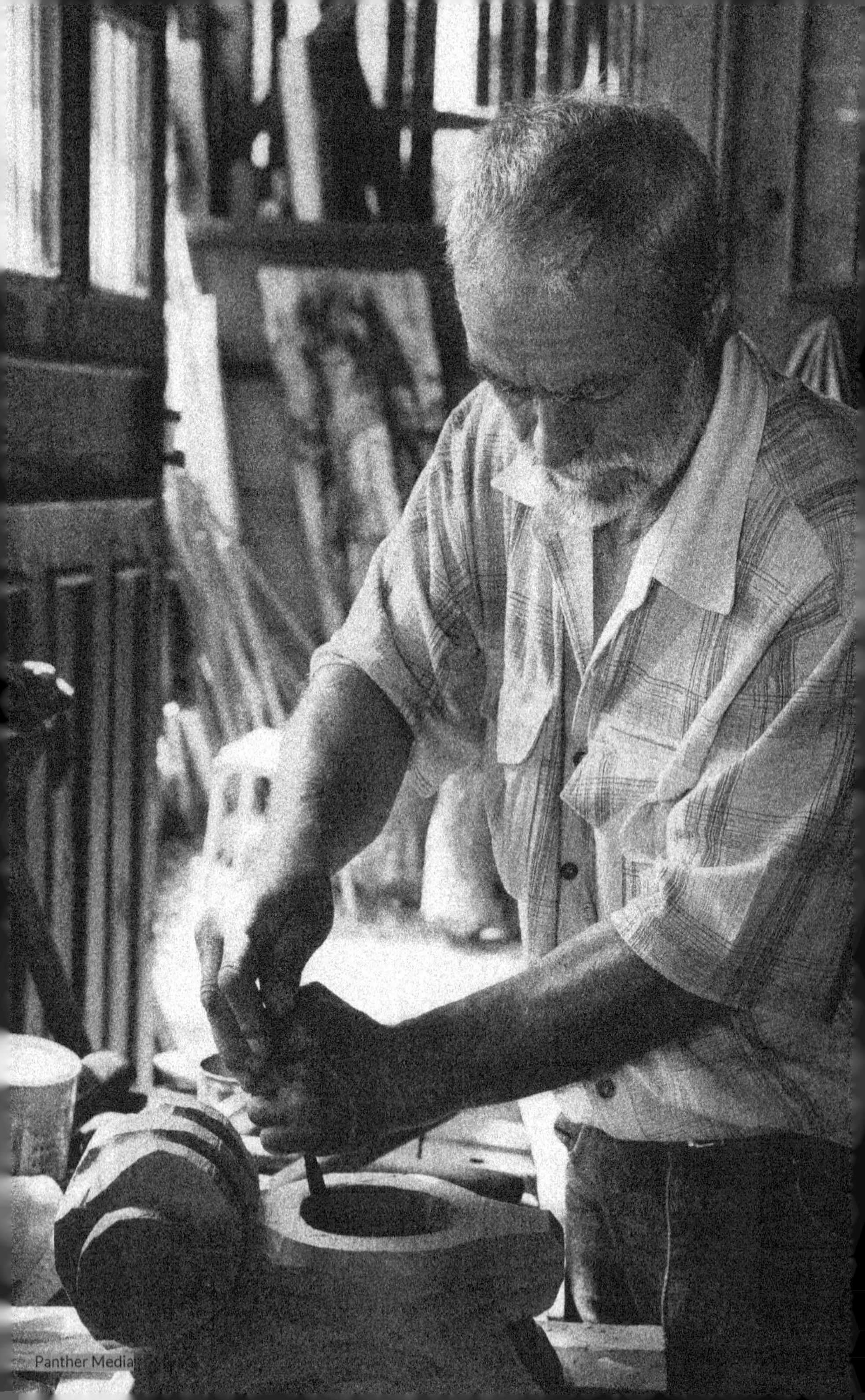
Panther Media

Economia do tempo livre: como valorizar e estimular o tempo livre para o ócio criativo

Uma das maiores contradições lógicas e morais do mundo moderno é como a redução no tempo necessário à produção não foi proporcional a redução no tempo de trabalho de cada pessoa ocupada, ao mesmo tempo em que a economia forçava a desocupação de pessoas, jogadas na margem da sobrevivência. No mundo que se prevê adiante, uma parte da humanidade estará condenada ao sobretrabalho para pagar as dívidas contraídas no ímpeto de realizar o superconsumo, e outra, condenada ao subconsumo devido ao desemprego. A humanidade já dispõe dos meios técnicos para reduzir a jornada de trabalho e, ao mesmo tempo, assegurar o pleno emprego, criando uma sociedade do ócio criativo.

Perguntas:
1. Como formar as pessoas para serem capazes de, facilmente, substituir umas às outras no fluxo do trabalho?
2. Como preparar as pessoas para o ócio criativo, induzido pela redução da jornada de trabalho e pela ampliação do período anual de férias?
3. Como medir o valor do tempo livre?

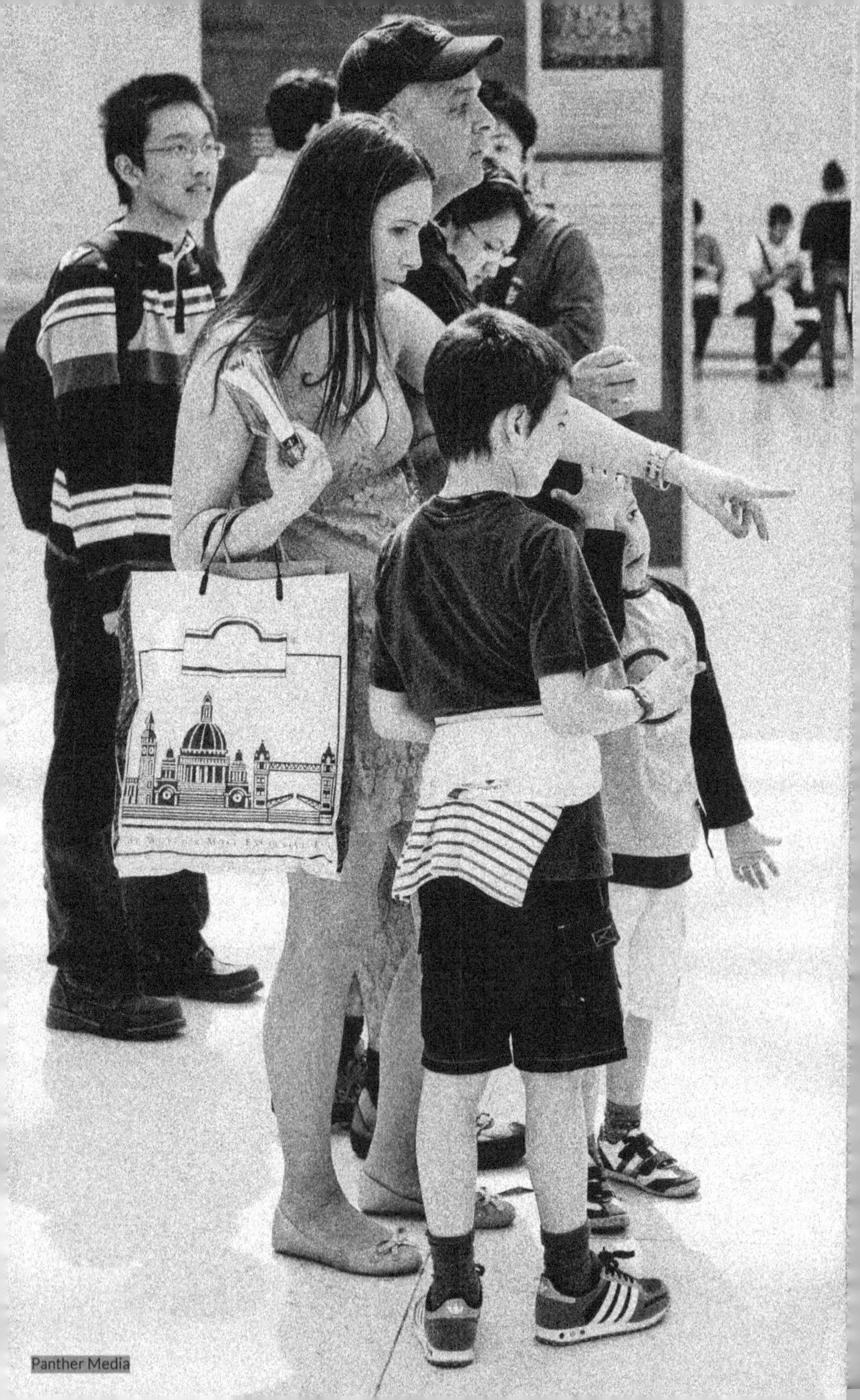
Panther Media

Economia da cultura: como considerar o valor da criação cultural

É necessário pensarmos sobre uma forma de considerar o valor da criação cultural. Hoje, a cultura só é valorizada pelo movimento que gera no mercado, graças às vendas de discos ou quadros, ingressos para *performances* etc. A economia não aprendeu ainda a valorizar a arte por seu valor estético. Por exemplo: no ano que foi pintado "Guernica", o PIB não refletiu o valor da obra.

Perguntas:
1. É possível quantificar o valor estético, sem referência ao mercado?
2. E possível escapar da escravidão epistemológica dos números?

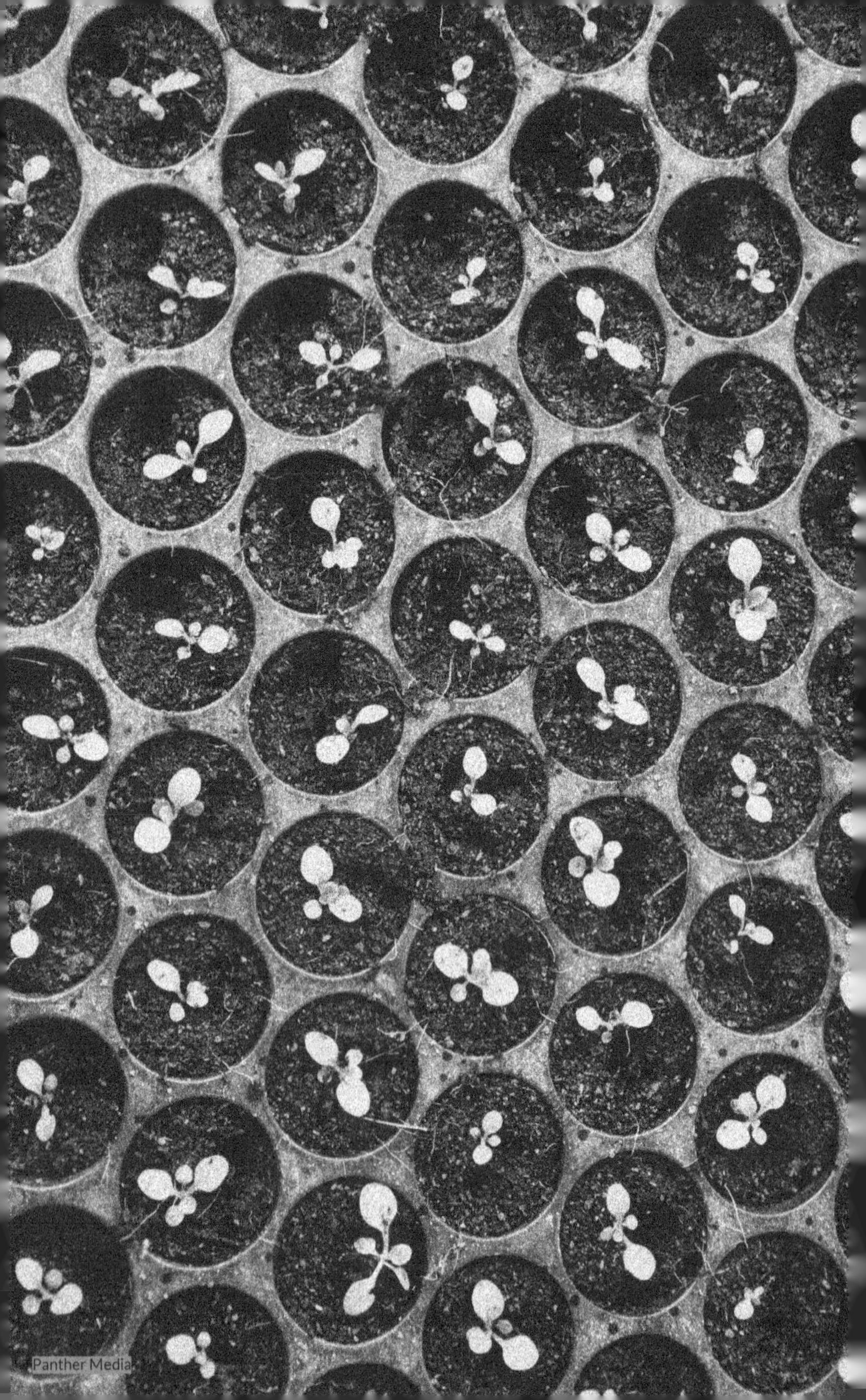
Panther Media

Ciência econômica: como reinventá-la?

A ciência econômica é resultado de um enorme esforço intelectual. Em apenas dois séculos, um conhecimento inexistente deu imensos passos, ao ponto de aventurar-se na ideia de que a ciência econômica poderia ser matematizada, tanto quanto as ciências físicas. Mas a realidade da nova era geológica, chamada de *Antropoceno* – em que a economia está mudando a face e a estrutura da Terra –, exige uma nova ciência para a nova economia. Uma ciência que seja capaz de incluir valores éticos nos próprios modelos; que possa incorporar os valores da natureza, do tempo livre, dos bens culturais, da vida, não apenas por sua produtividade, mas por sua importância. Uma ciência que seja capaz, inclusive, de livrar-se da escravidão dos números sem cair na escuridão da metafísica.

Perguntas:
1. Como pode ter credibilidade científica um conhecimento que trabalha com a subjetividade ética?
2. Como juntar ética, ecologia e economia em uma ciência nova?

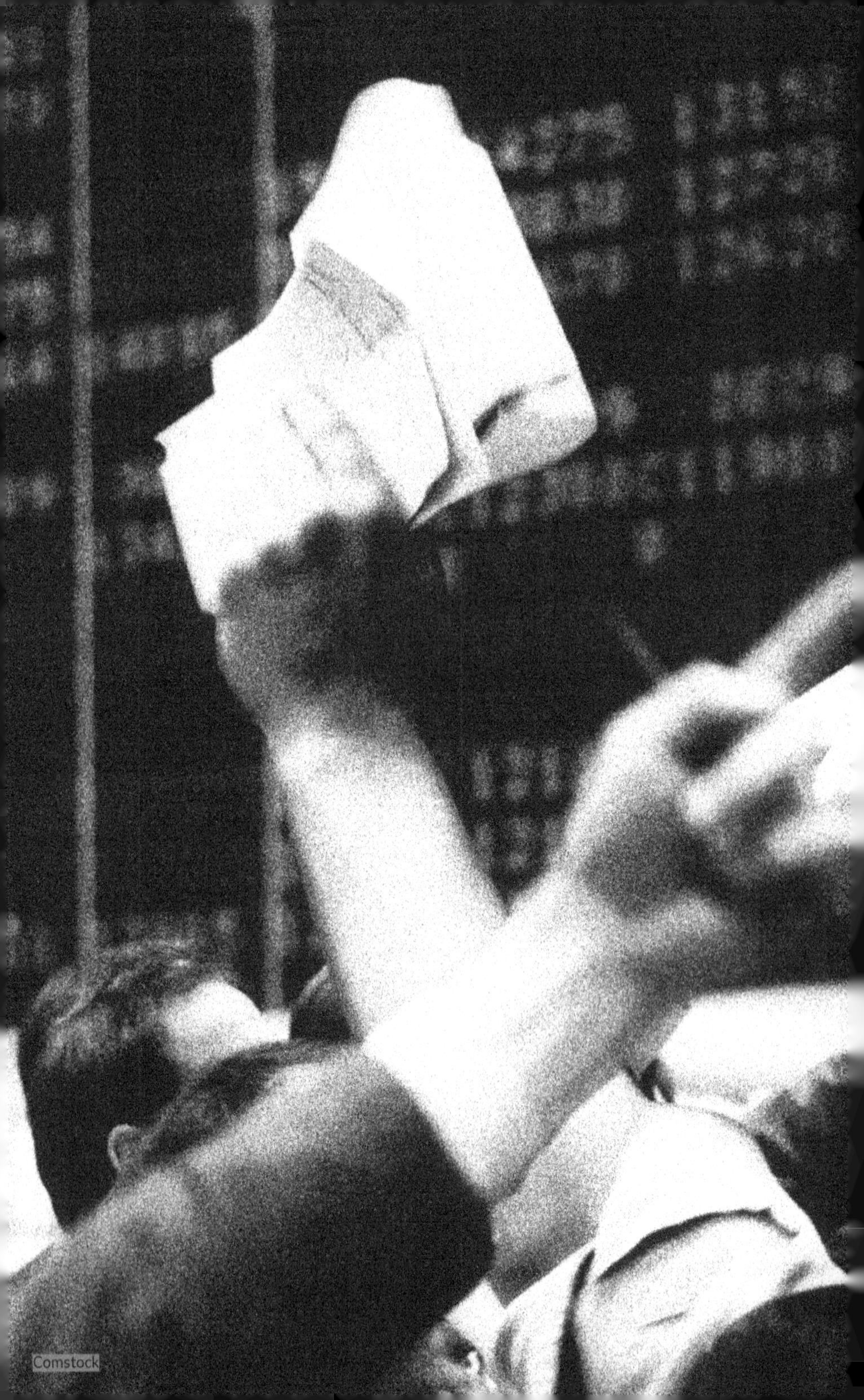
Comstock

Bancos: como utilizá-los

O sistema financeiro tem se transformado em um elemento de crise, em vez de ser uma ferramenta para soluções. Essa crise é, muitas vezes, gerada fora do sistema financeiro, no setor produtivo. Para criar renda não disponível para a maioria dos consumidores, a economia segue a gerência dos bancos e quebra o rigor de como estes devem ser geridos. Ao mesmo tempo em que é preciso controlar o sistema financeiro e reduzir seu poder de mobilizar e desarticular as economias da sociedade inteira, será preciso controlar a voracidade consumista-produtiva.

Perguntas:
1. Como impedir o poder transnacional do setor financeiro e sua capacidade de arruinar economias e nações inteiras?
2. De que forma impedir as bolhas ilusórias e de curto prazo?
3. Como evitar a contaminação do sistema bancário pela voracidade do consumo e como salvar o sistema produtivo das irresponsabilidades dos bancos?

Panther Media

Governos: como orientá-los

O mundo atual vem sendo gerido, em cada país, por um pacto entre governo, trabalhadores, políticos, banqueiros, industriais, exportadores, consumidores e especuladores, visando aumentar a renda de cada um desses regimentos, ampliar os benefícios sociais e, ao mesmo tempo, sempre que possível, manter a democracia e a estabilidade monetária. Esse pacto tem se caracterizado pela pressão do curto prazo. A arte da política no governo é fazer o malabarismo, o equilíbrio, que, entretanto, só tem sido possível com a emissão de moedas diretamente pelos bancos centrais, o aumento de impactos ou o endividamento público, chamado ultimamente de *endividamento soberano*, sem qualquer razão para esse termo.

A crise financeira dos bancos e de endividamento das empresas e famílias se agrega ao endividamento dos governos, provocando a instabilidade que se vê no mundo atual. Os próximos anos vão exigir que os governos sejam capazes de administrar suas finanças sem provocar as tragédias atuais, o que vai exigir responsabilidade nos gastos públicos, na regulamentação das atividades empresariais e nas promessas de benefícios sociais.

Perguntas:
1. Como gerir as finanças públicas com responsabilidade fiscal?
2. Como definir os limites dos benefícios sociais de acordo com os limites fiscais?
3. Como intervir na economia sem ampliar o espaço da corrupção e da burocracia?
4. Como administrar as "dívidas soberanas"?

Ricardo Azoury

Moeda: como reduzir a monetarização da civilização

O dinheiro foi uma grande invenção da humanidade. Sem ele, o avanço civilizatório teria sido impossível, pela impossibilidade do comércio nos níveis que ocorreu a partir do mercantilismo – como, por exemplo, a Revolução Industrial. Mas a globalização está provocando a supermonetarização da humanidade, mercantilizando a vida, os órgãos, a educação, a saúde, o tempo e todos os produtos, até aqueles mais sagrados aos homens. A sociedade e a economia estão sofrendo uma overdose de moeda, de bancos e de dívidas.

Perguntas:
1. Como aumentar a participação de bens e serviços desmonetarizados na soma dos produtos da sociedade?
2. Como medir valor sem monetarizar?
3. Como quebrar o monopólio de algumas moedas sobre as outras?
4. Como manter a soberania em um mundo com moeda comum?

Dívidas: como usá-las

A humanidade conhece a dívida há 5 mil anos, mas nunca ela foi tão ampla nem tão profunda. Nunca tantos deveram tanto em tantas partes. O mundo atual é o mundo da dívida. O mercado da produção baseada em bens de alto custo força o endividamento das pessoas como caminho necessário para realizar o consumo. Ao mesmo tempo, o papel do Estado na economia, na defesa, no estado-previdência exige endividamento dos Estados. Uma civilização endividada hoje é uma civilização com seu futuro comprometido.

Perguntas:
1. Como desendividar famílias e Estados a um nível saudável?
2. Como tornar o sistema produtivo-consumidor a fim de reduzir o elevado nível de endividamento?
3. Como mobilizar os trilhões de dólares congelados, sob a forma de títulos da dívida pública norte-americana, nas mãos de credores em todo o mundo?

Padrões

Panther Media

Novos indicadores para a qualidade de vida: como defini-los e disseminá-los

Sabe-se que o atual indicador de progresso, baseado no Produto Interno Bruto (PIB), não significa uma elevação do bem-estar, uma vez que não leva em conta os impactos ambientais. A reorientação do modelo civilizatório exige um indicador que considere a conservação da natureza, a criação do tempo livre, a valorização de bens e serviços públicos.

Perguntas:
1. Quais alternativas de indicadores existem hoje?
2. Como construir um indicador qualitativo?
3. Que variáveis devem ser contempladas pelos novos indicadores?
4. É possível quantificar um indicador que incorpore todas as dimensões do bem-estar?
5. Como medir, considerar e valorizar o tempo livre, as atividades culturais, o lazer e as atividades lúdicas?

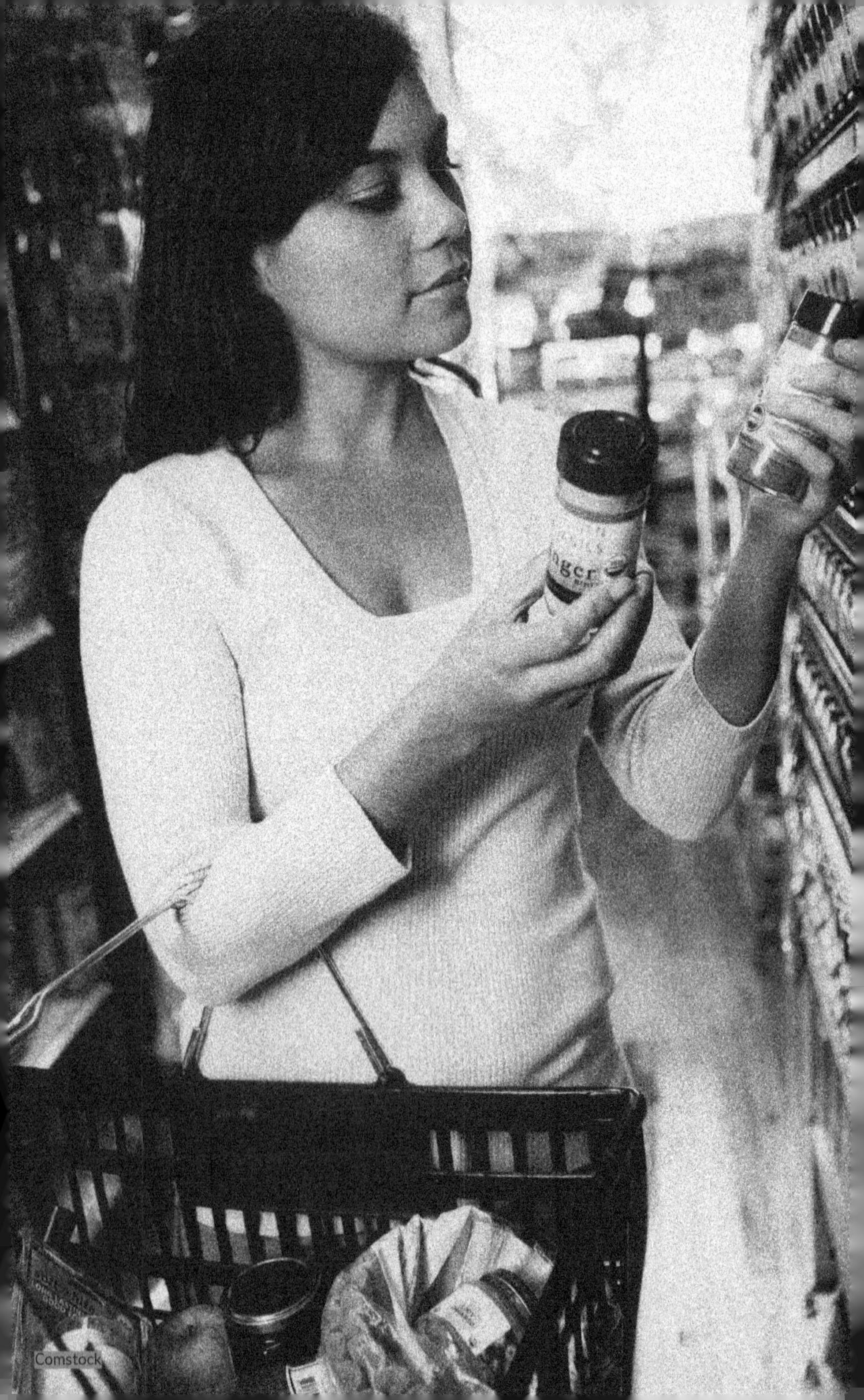
Comstock

Padrões de consumo: como modificá-los

É impossível estender aos 7 bilhões de seres humanos com baixa renda o atual padrão de consumo de 1 bilhão de pessoas que possuem rendas altas e médias do mundo. O futuro requer harmonia entre os seres humanos e destes com a natureza, exigindo uma reorientação do padrão de consumo da humanidade.

Perguntas:
1. Ainda há dúvidas de que é impossível assegurar a todos os habitantes do Planeta o mesmo padrão de vida dos habitantes do primeiro mundo internacional dos ricos?
2. Como modificar o padrão de consumo voraz, baseado em produtos de obsolescência rápida, que caracteriza o atual padrão de civilização?
3. Como reorientar o consumo de bens privados pelo uso de bens públicos, atendendo aos anseios das populações, tanto das incluídas quanto das excluídas?
4. Como convencer a humanidade a reorientar seus anseios para novos objetivos, tais como tempo livre e atividades culturais?

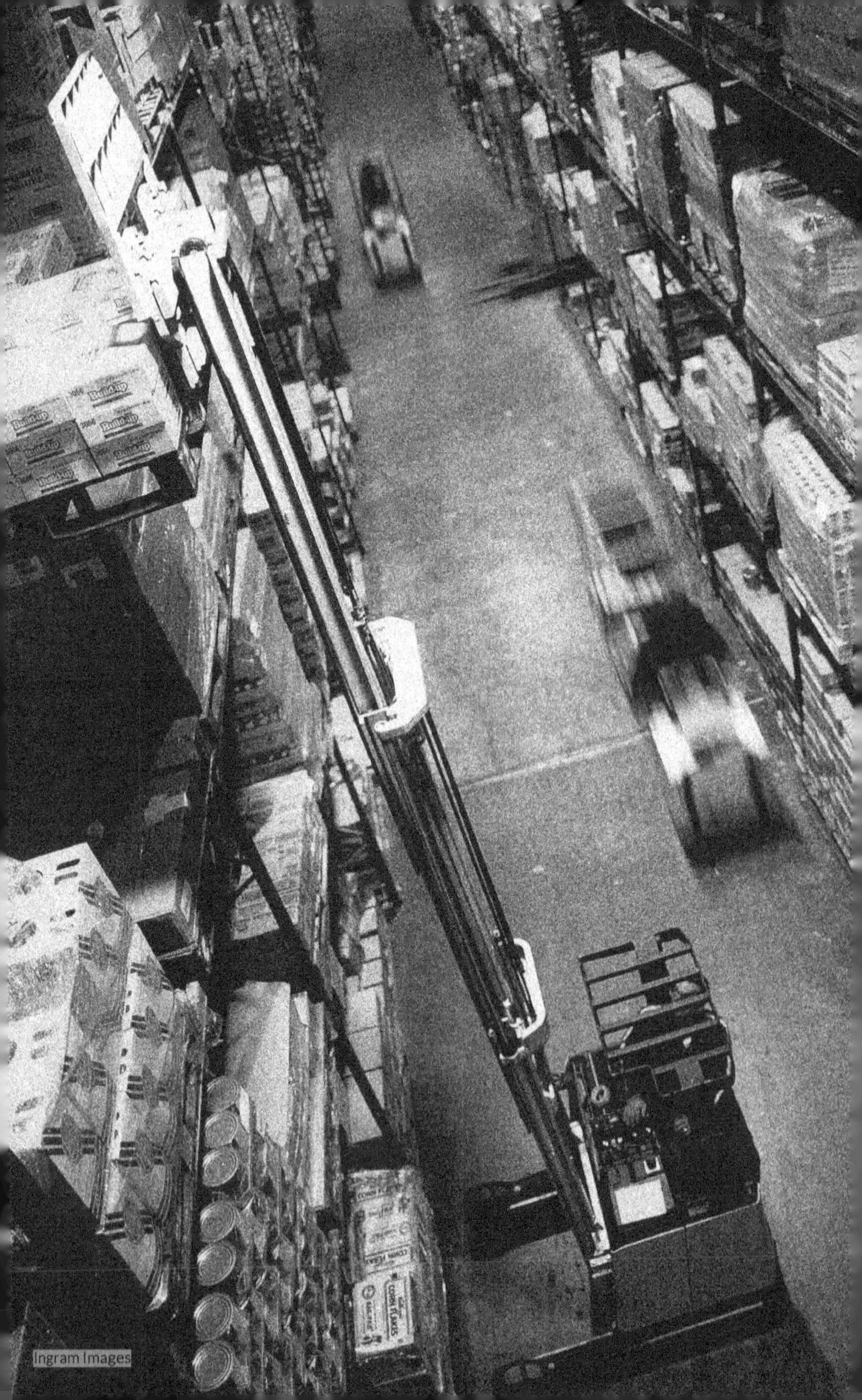

Ingram Images

Padrões de produção e distribuição: como conseguir uma eficiência inteligente e justa

O atual padrão busca uma eficiência de curto prazo, capaz de oferecer lucro mesmo que a produção de um produto exija deslocamento de matéria-prima por centenas de quilômetros, e do produto outras centenas de quilômetros até o local de encontro com o comprador. O futuro exige uma racionalidade espacial na mobilização dos insumos e dos produtos, com formas inteligentes do ponto de vista ecológico e social.

Perguntas:
1. Quais experiências existem de logísticas capazes de descentralizar a produção e o consumo?
2. Como é possível o casamento entre a eficiência ecológica e a eficiência do mercado?
3. Como manter a lucratividade reduzindo a escala de produção e a mercantilização?

Saber

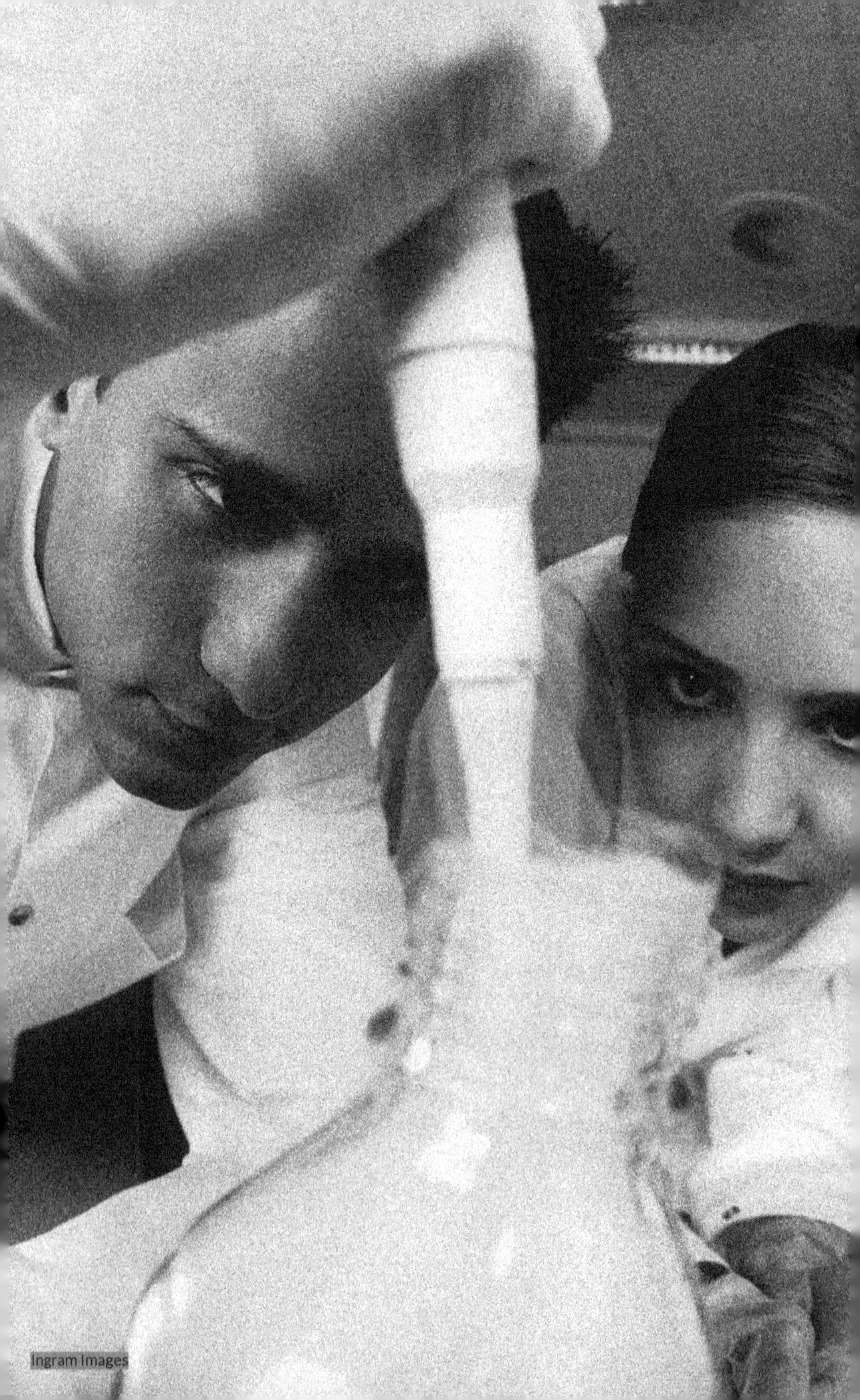
Ingram Images

Ciência e tecnologia: como subordiná-las a valores éticos

A crise ecológica é provocada pela economia conforme ela é definida, mas realizada devido ao uso da ciência e da tecnologia pela política. O atual modelo civilizatório usa o avanço técnico como vetor determinante do progresso, definindo a lógica econômica que regula as decisões políticas, manipula os objetivos sociais e ignora os valores éticos. O desafio é definir como o avanço técnico científico será instrumento para o novo futuro. Uma nova civilização vai precisar inverter essa ordem de subordinação:

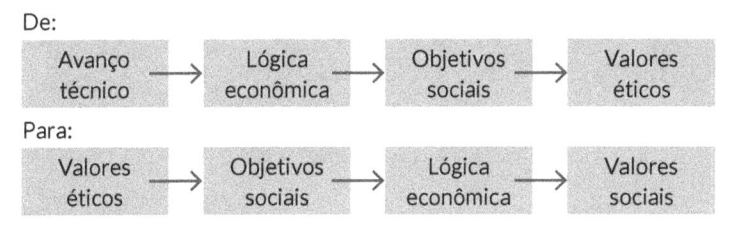

De:
Avanço técnico → Lógica econômica → Objetivos sociais → Valores éticos

Para:
Valores éticos → Objetivos sociais → Lógica econômica → Valores sociais

Perguntas:
1. Será possível uma alternativa que subordine o avanço técnico aos valores éticos?
2. Quais setores da ciência e da tecnologia podem ser úteis para recuperar o meio ambiente poluído, reverter a tendência ao aquecimento global e enfrentar a desigualdade?
3. E possível incorporar a ética na formação de engenheiros e cientistas?
4. A velocidade do avanço técnico está sendo maior do que a velocidade da degradação ambiental?
5. Como impedir que a ciência médica seja usada para manipular geneticamente a espécie humana?
6. Como impedir que a ciência e a tecnologia sejam instrumentos de formação de preconceitos de raça, gênero e contra doentes?
7. Como viver em uma sociedade tecnológica sem depender totalmente dela?

$$A\sum_{n=0}^{N}\frac{x^N}{N!} \quad \frac{a^2}{3T}\left(\frac{1}{2}\right) \quad A\left(\frac{a}{b}\right.$$

$$e \quad a^2+b^2<c^2$$

$$a^2+b^2<c^2$$

$$\int x = \frac{1}{2}x^2 - C\left(\frac{1}{2}-x^2+C\right)^2 = 1\frac{4}{2}$$

$$x_{1/2} = \frac{b \pm (a-c)}{\sqrt{2a}}$$

$$x^2 + \frac{b}{a}x + C^1$$

$$x = h - 3y^2$$

$$C \sim \pi r^2 \quad \Sigma = MC$$

$$16 \cdot X \qquad \sqrt{x+a}$$

$$\frac{2\tan(a)}{1-\tan^2(a)}$$

$$V_n^k = \frac{n!}{(n-k)!}$$

$$x^2+y^2=$$

CO_2

79

Conhecimento: quando saberemos

Na medida em que o conhecimento avança, também avançam as dúvidas sobre a capacidade do conhecimento explicar a realidade.

Perguntas:
1. O que sabemos saber?
2. O que pensamos saber?
3. O que sabemos não saber?
4. É possível especular sobre o que nem sabemos saber?

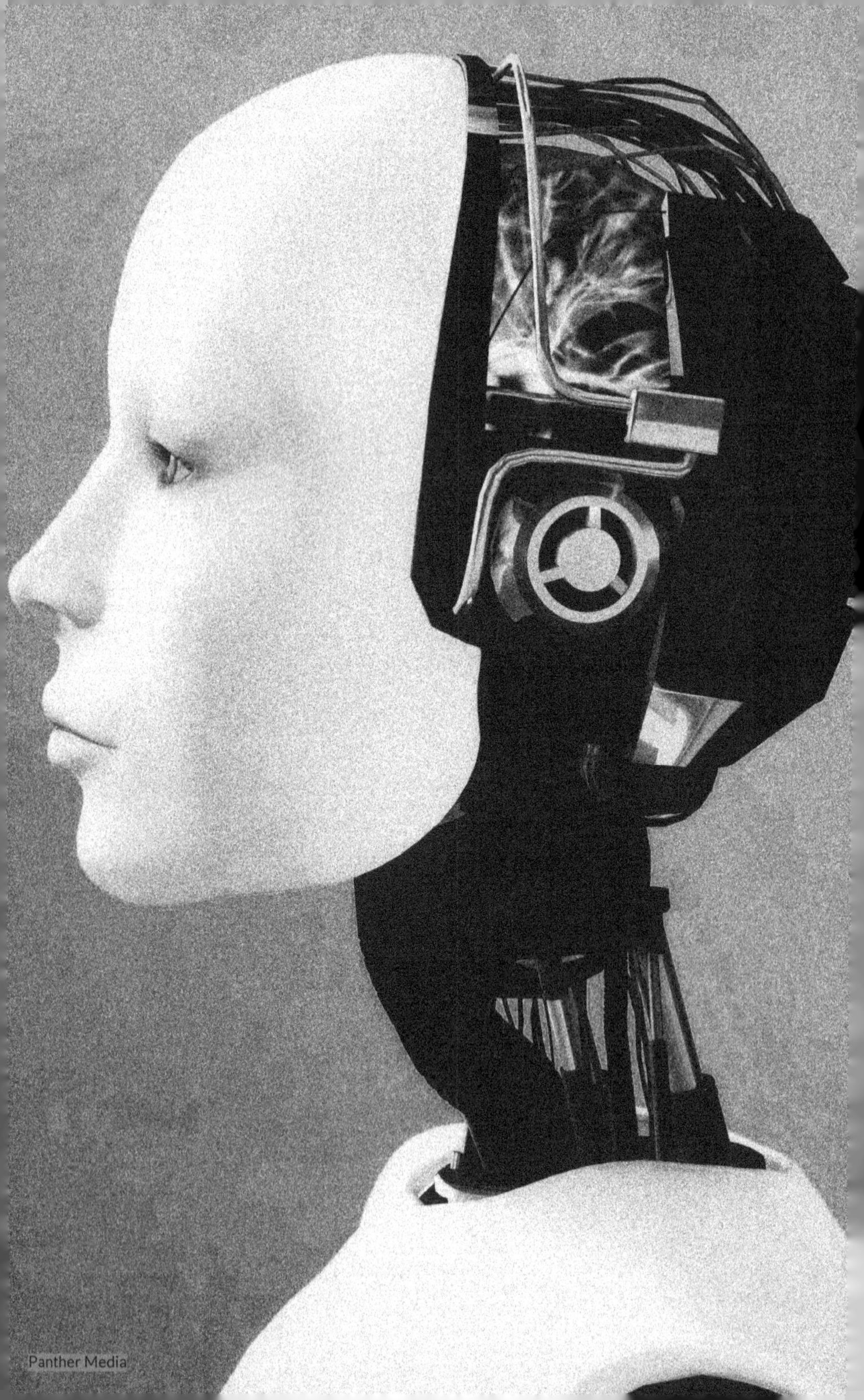
Panther Media

Robotização: como beneficiar-se dela

A automação é um assunto que domina os últimos dois séculos de história. A robotização vai dominar as próximas décadas. Porém, as possibilidades e os riscos do rápido processo de robotização trazem desafios técnicos, éticos e psicológicos.

Por um lado, há as vantagens não apenas da substituição da mão de obra humana em trabalhos pesados e perversos pelas máquinas, mas também a simplificação da vida, tanto manual quanto intelectual. Ao mesmo o tempo, a robotização das vidas social e biológica apresenta riscos consideráveis. Em primeiro lugar, o risco da substituição do trabalho humano, que gera desemprego; em segundo lugar, o risco da dependência do homem em relação às máquinas inteligentes.

Mas, sobretudo do ponto de vista ético, a robotização apresenta um grande desafio: o uso de armas inteligentes, como os "drones", estimula o surgimento de guerras nas quais um dos lados dispensa soldados, ou seja, há a possibilidade de guerras sem riscos para um dos lados. Mais desafiador, do ponto de vista ético, é a possibilidade, já em marcha, do casamento entre a biotecnologia, a informática e a microeletrônica, que provocará o surgimento de seres humano-robóticos, misturando o corpo humano com peças artificiais, produzindo *ciborgs* – inclusive soldados.

Perguntas:
1. Que regras devem definir os limites eticamente toleráveis para o uso da robótica?
2. Como promover pesquisas científicas que permitam ampliar as possibilidades da robótica a serviço do homem?

Terra

Ricardo Azoury

Panther Media

Mudanças climáticas: como evitar e se adaptar

A crise ambiental chegou a tal ponto que já se considera que o Planeta está atravessando uma nova era geológica: o Antropoceno – um novo tempo geológico induzido pela inteligência e pelas mãos do homem. Mas, ao desequilibrar a ecologia, o poder da humanidade ameaça a própria humanidade. O grande desafio do futuro é saber como a civilização pode avançar sem provocar mudanças climáticas, adaptando-se desde já às mudanças que são irreversíveis.

Perguntas:
1. Que rigor científico têm as pesquisas sobre o impacto humano nas mudanças climáticas?
2. Ainda é possível retomar o equilíbrio, detendo as mudanças climáticas, por uma reorientação do processo produtivo?
3. Quais consequências as mudanças climáticas trarão para a agricultura?
4. Em quanto tempo a elevação do nível do mar vai afetar as populações litorâneas?
5. Há a possibilidade de equilibrar a natureza usando uma engenharia ecológica?

Panther Media

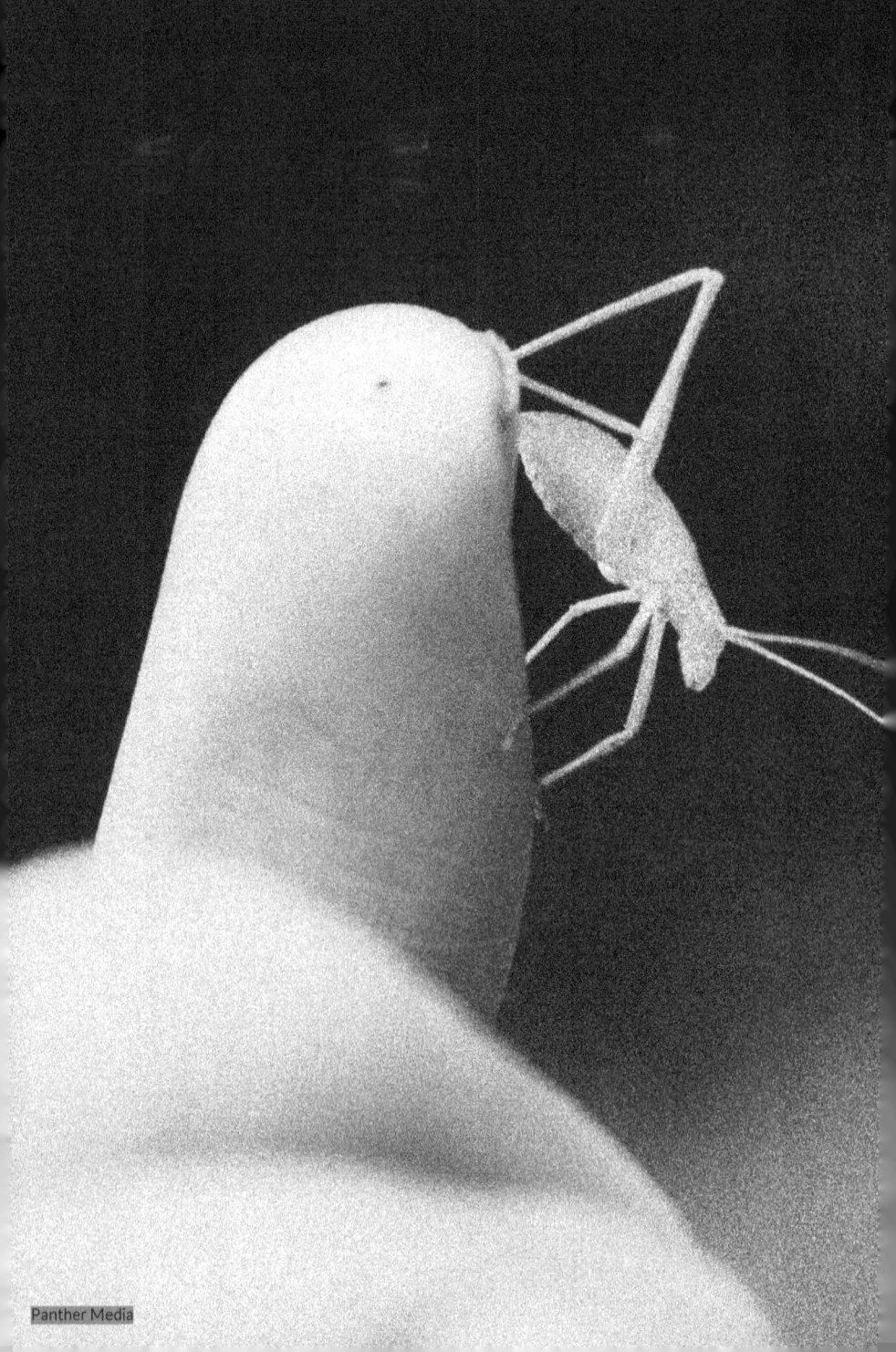

Biodiversidade: como mantê-la

Nas últimas décadas, milhões de hectares de florestas foram devastadas, e esse processo continua. Da mesma forma, há milhões de espécies de animais em extinção. Essa depredação leva à redução do patrimônio da natureza e da cultura.

Perguntas:
1. A diversidade da natureza constitui parte da riqueza da civilização?
2. Como ampliar a ocupação territorial e a transformação da natureza em bens e serviços, mantendo a totalidade da biodiversidade, das florestas e das espécies animais?
3. Como proteger as espécies animais, as florestas e os diferentes biomas?
4. Quais os direitos das demais espécies?
5. Faz sentido falar em um *modelo biocêntrico* substituindo o antropocentrismo?

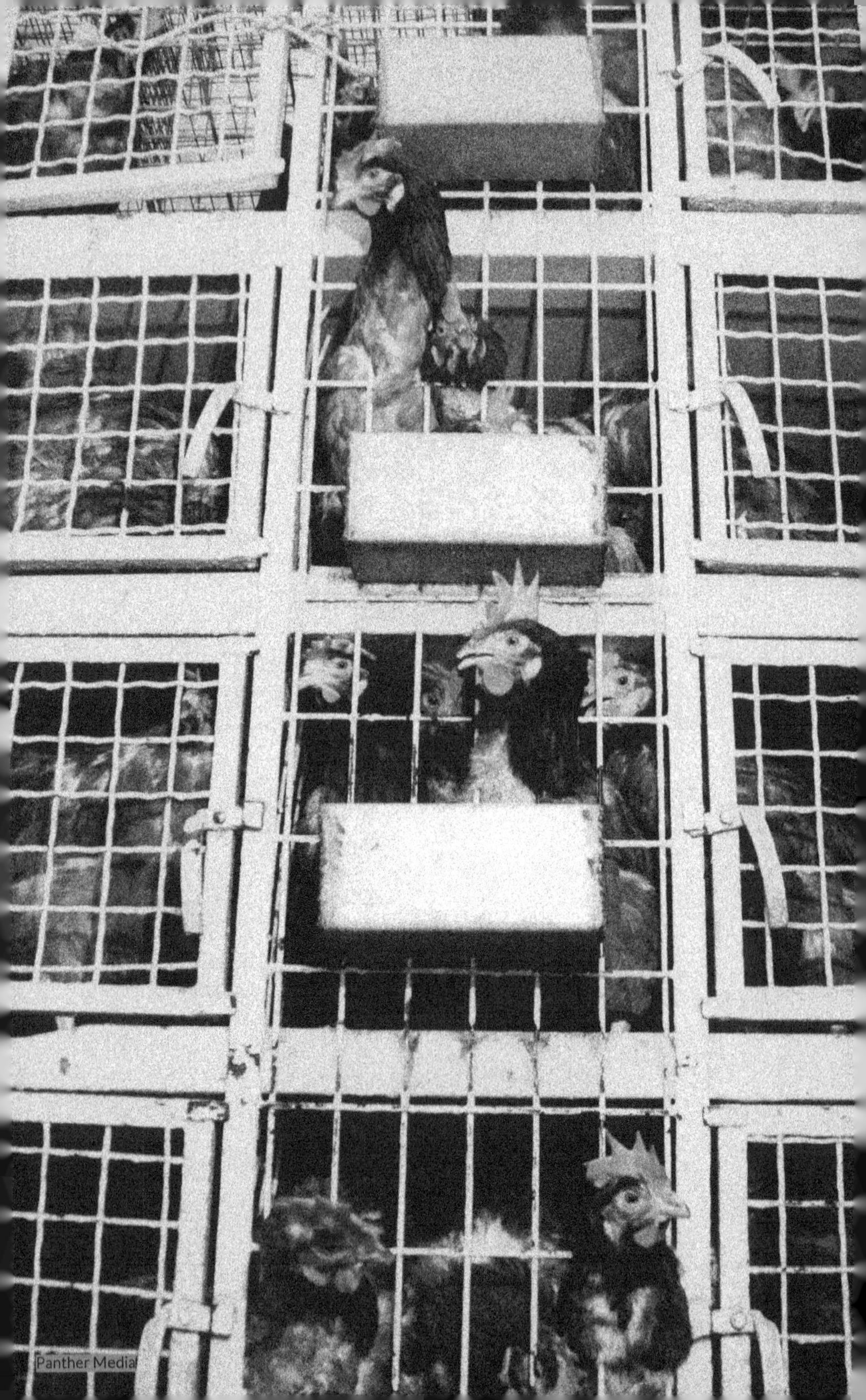
Panther Media

Animais: como respeitá-los

Tanto quanto devem respeitar a diversidade, por meio da defesa das espécies – evitando a extinção de muitas delas –, os seres humanos têm diante de si o desafio de definir o tratamento a ser dado a cada indivíduo de cada espécie: como tratar a questão do uso de animais como cobaias ou como atração de circos e de zoológicos. Cada uma dessas opções tem uma lógica própria, que traz vantagens e desvantagens.

Perguntas:
1. Como alimentar os seres humanos respeitando os outros animais?
2. É possível o avanço da ciência sem o uso de cobaias animais?
3. O futuro da alimentação estará em uma alternativa vegetariana ou química no lugar da carnívora?

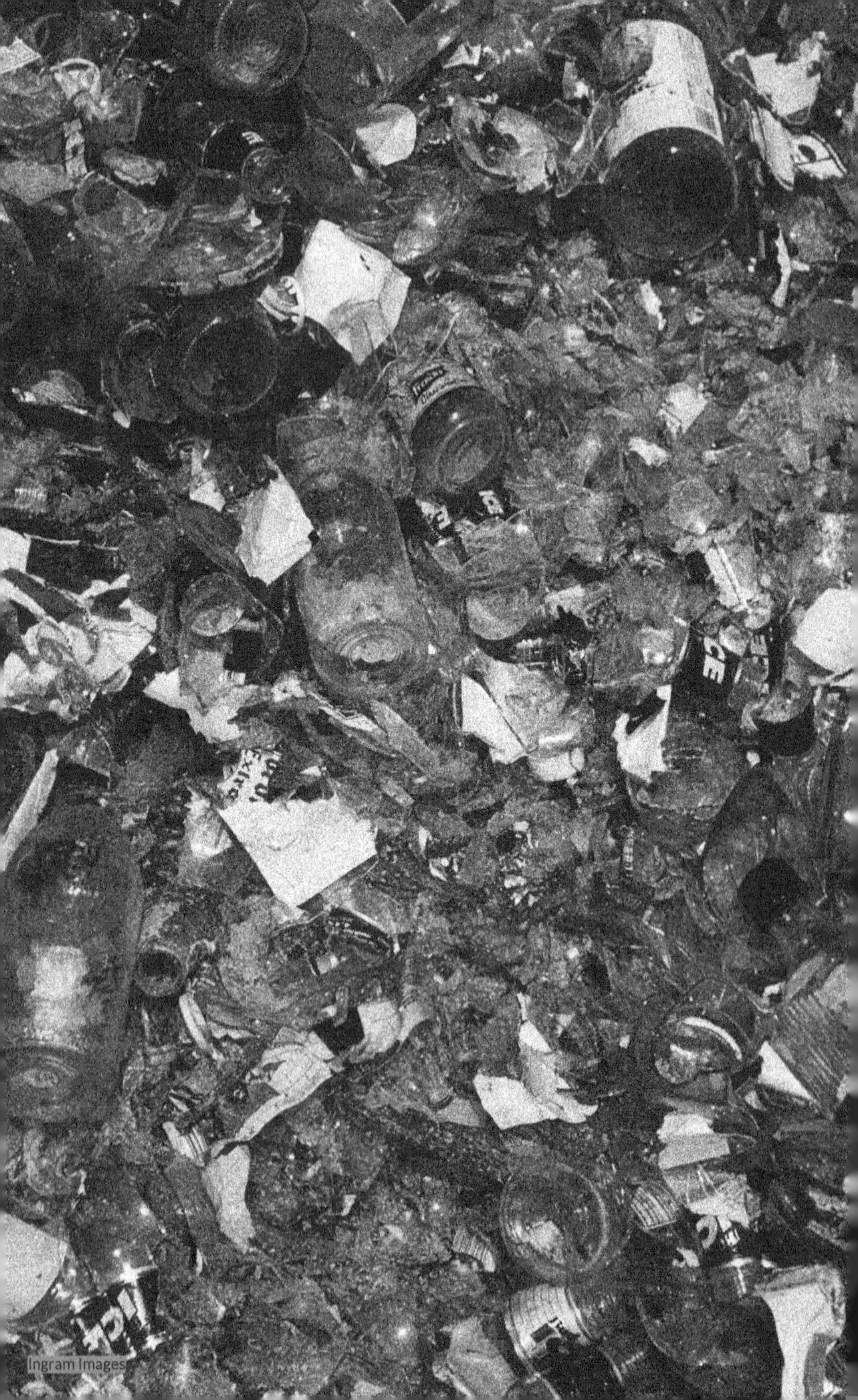

Ingram Images

Lixo: como tratá-lo

A civilização industrial chegou ao século XXI como a civilização da produção e do lixo. Se por um lado ela apresenta um imenso Produto Interno Bruto (PIB) de novos produtos a cada ano, também apresenta um imenso "anti-PIB", não apenas sob a forma de depredação da natureza, mas também no contexto do lixo criado no processo de produção e de consumo: resíduos nucleares, agrotóxicos, bens não degradáveis, desperdícios de consumo, lixo hospitalar etc. Todos os dias são bilhões de metros cúbicos de lixo que sujam, degradam e poluem as ruas, os rios e o ambiente em geral.

Perguntas:
1. Como tratar as questões relacionadas ao lixo hospitalar, aos resíduos das centrais nucleares, à biodiversidade submersa nos lagos das hidrelétricas e aos desperdícios urbanos?
2. Como limpar cidades, mares, rios, espaço e montanhas, livrando-os do lixo jogado todos os dias nesses ambientes?
3. Como transformar o "anti-PIB" em PIB por meio da reciclagem?

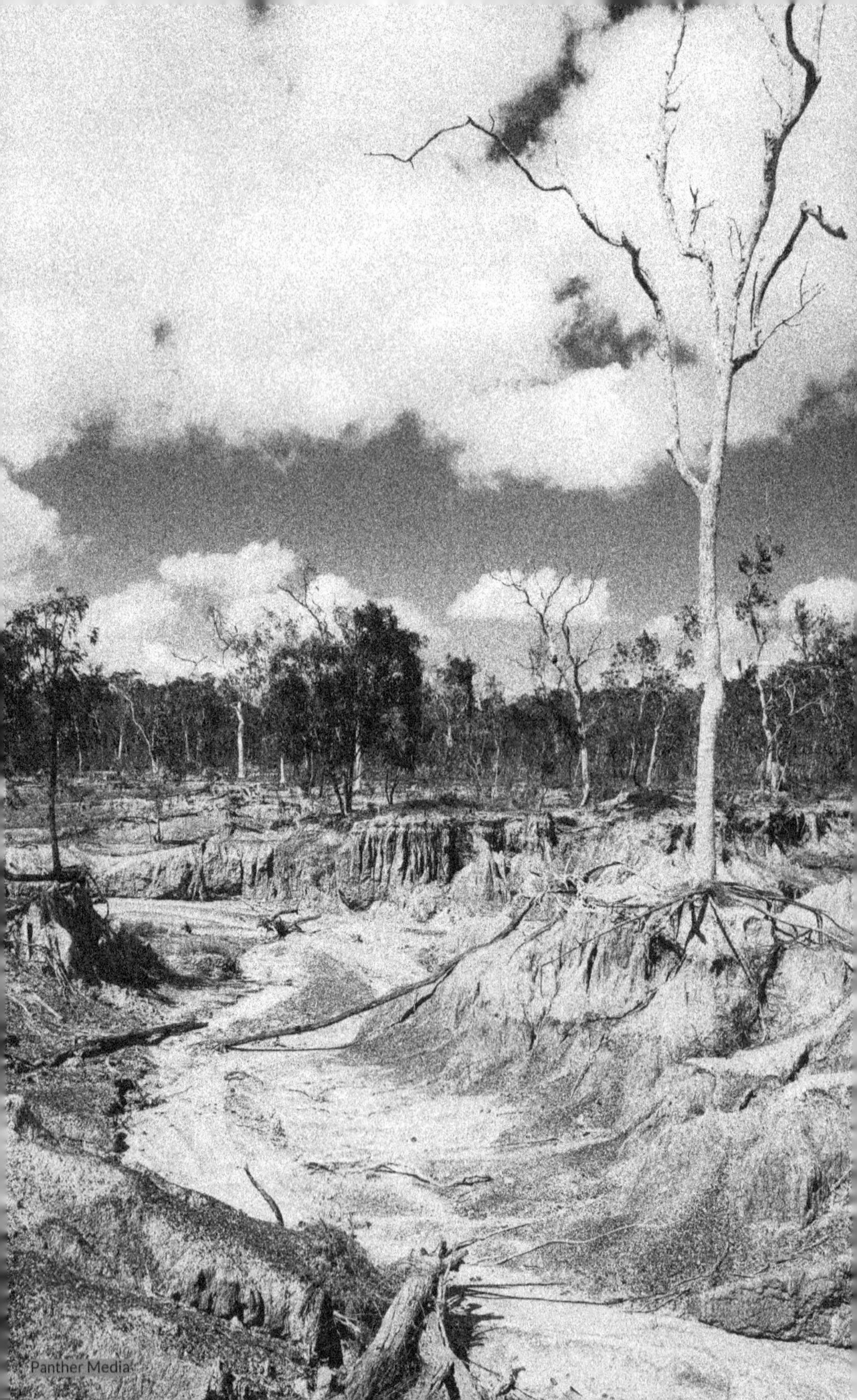
Panther Media

Desertificação: como regredi-la

Uma das características das últimas décadas tem sido o avanço de áreas desérticas sobre a superfície terrestre. Essa desertificação é causada pelo descuido no manejo ecológico, seja na agricultura, seja pelo aquecimento global. As zonas desérticas já ocupam em torno de 40% do solo de toda a Terra, locais onde vivem cerca de 2 bilhões de pessoas. Nas últimas décadas, essa área desértica tem avançado, entre outros fatores, pelo efeito do aquecimento global, do desmatamento, do mau uso do solo na agricultura. Essa marcha ameaça claramente o futuro da humanidade.

Perguntas:
1. Como definir regras internacionais que permitam impedir o avanço da desertificação pela agricultura?
2. Como recuperar áreas desérticas?

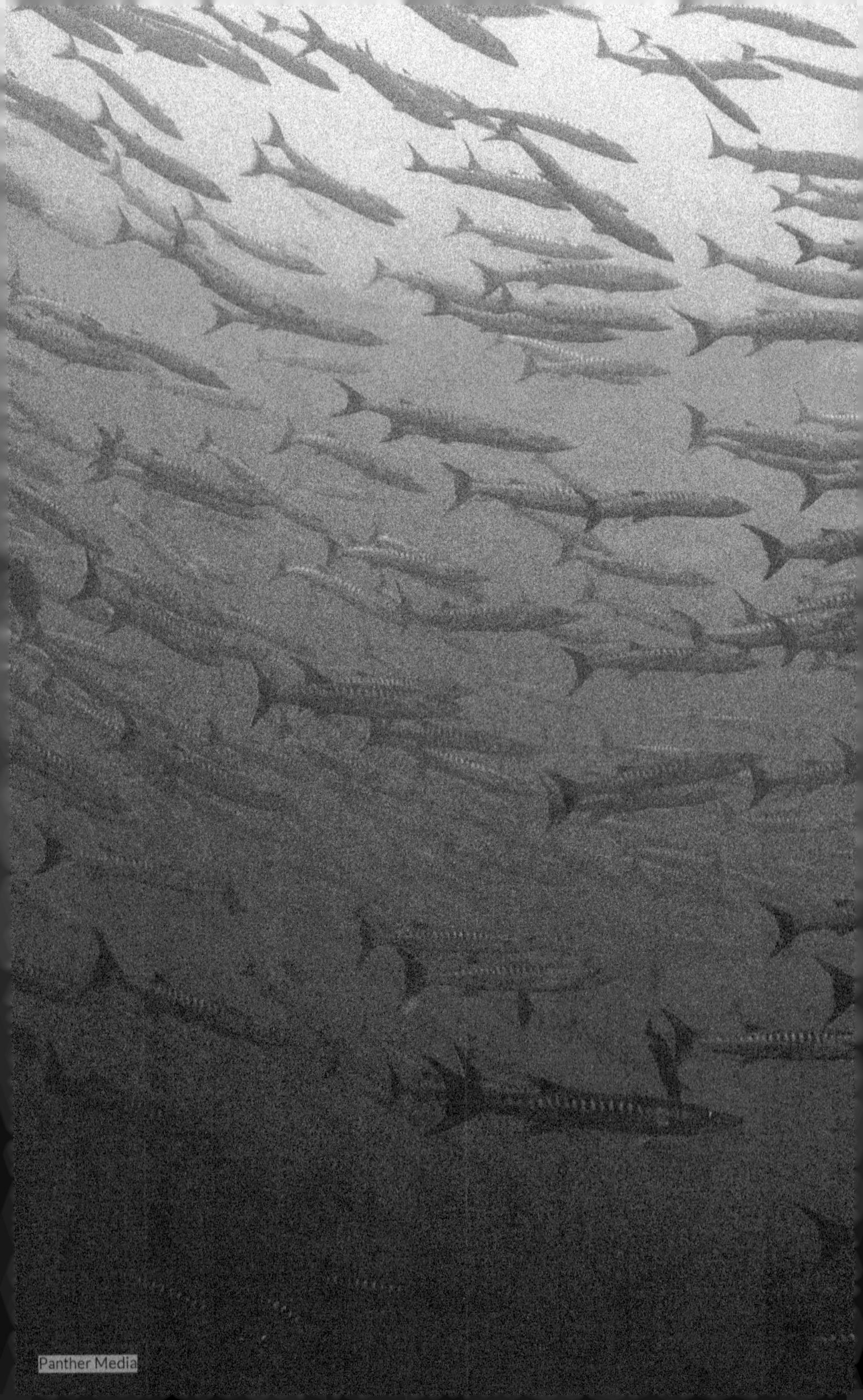
Panther Media

Oceanos e espaço: a quem pertencem

Nas últimas décadas, as explorações espaciais jogaram milhares de objetos no espaço, formando um ameaçador lixo espacial disseminado por agências estatais de grandes países e, em breve, também por empresas privadas. A exploração e o transporte de petróleo têm contaminado a água, matado animais, ameaçado espécies de extinção e, até mesmo, extinguido outras. Surgiu, além disso, a possibilidade da exploração de petróleo nas calotas polares por empresas privadas. A continuação desse processo levará a uma privatização dos oceanos e do espaço, que serão comprados pelo mercado e, então, usados e depredados em curto prazo.

Perguntas:
1. Como definir regras que assegurem o uso e a proteção do espaço e dos oceanos para toda a humanidade?
2. Como proteger os oceanos das mudanças climáticas que estão descongelando as calotas polares?
3. Como impedir que o espaço se transforme em uma plataforma para guerras no futuro?

Sociedade

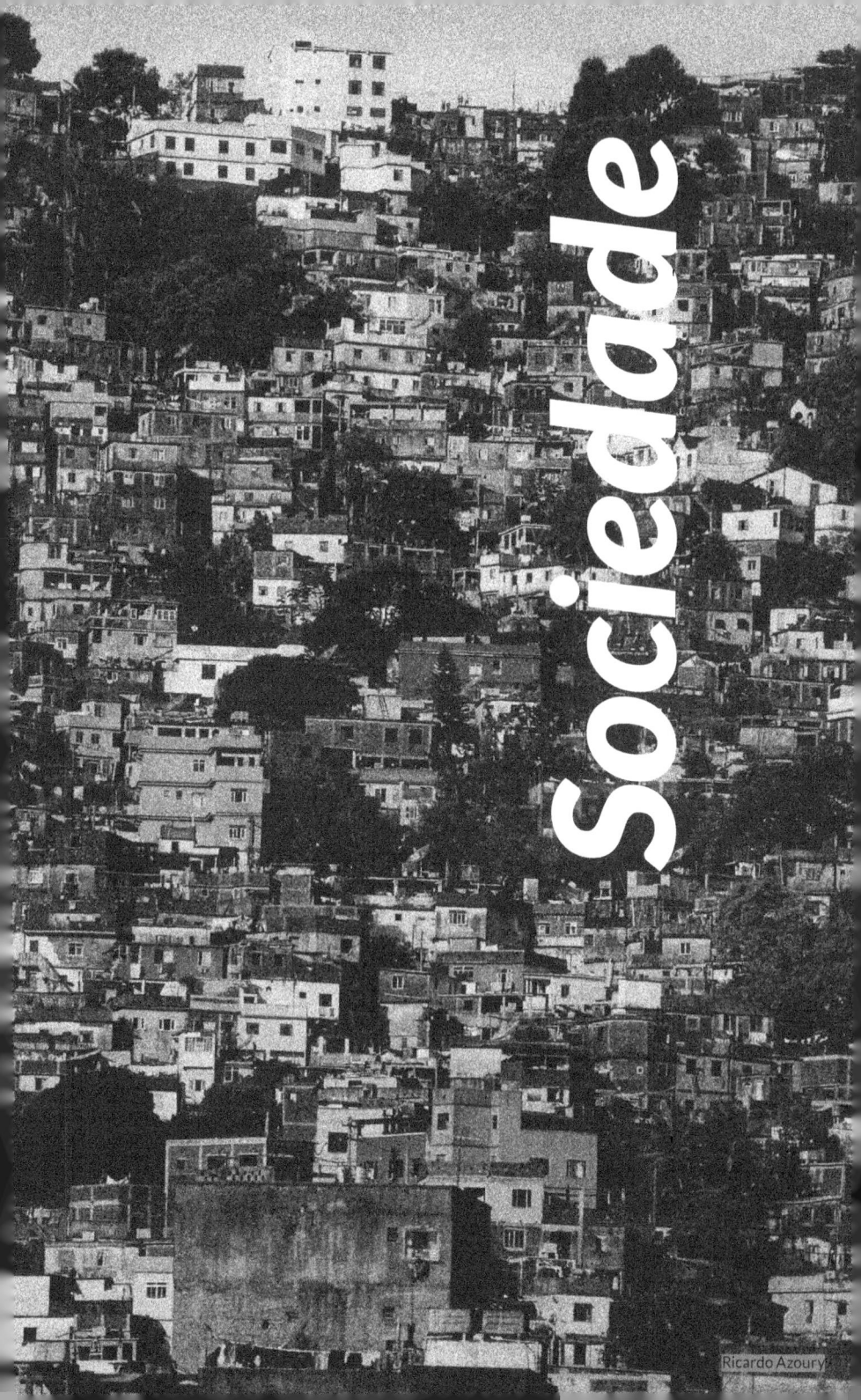

Ricardo Azoury

Pobreza: como superá-la

Nenhuma reorientação do modelo civilizatório se justifica se não for capaz de incorporar as massas pobres, erradicando-se o quadro de pobreza que compromete a vida, a dignidade e o bem-estar de uma expressiva parcela da população humana. Esse fator vai exigir uma reorientação na forma de enfrentar o problema: da ótica da pobreza como falta de renda para a visão desta como falta de acesso aos bens e serviços essenciais; do alívio da pobreza graças ao crescimento econômico e à intervenção estatal, para sua superação graças às políticas de cooperação público-privada que assegurem o acesso de todos aos bens e serviços essenciais.

Em termos econômicos, isso pode ser definido como um keynesianismo social e produtivo, segundo o qual a população pobre recebe transferências de renda, condicionadas ao trabalho, que lhe permitam produzir o que precisa para sair de sua situação de pobreza. Um exemplo já consolidado são os programas sociais, como a Bolsa-escola, que pagam uma renda à família pobre para que seus filhos possam estudar, como caminho para sair da pobreza.

Perguntas:
1. É pobre quem tem baixa renda ou quem não tem acesso à segurança, à educação, à habitação e aos demais serviços essenciais, além da alimentação?
2. A solução para a pobreza está mais no aumento da renda privada de cada família pobre ou na oferta universal dos serviços públicos?
3. A pobreza é resultado da baixa produção ou da má distribuição de renda?
4. Como usar a economia para reduzir a pobreza?
5. A transferência de renda é um caminho para eliminar a pobreza, ou o caminho está na garantia de bens e serviços públicos gratuitos?
6. Qual o papel das transferências condicionadas de renda?
7. É possível um Plano Mashall Social Global para enfrentar a pobreza no mundo?
8. Como mobilizar a mão de obra pobre ociosa para produzir o que a população pobre precisa?

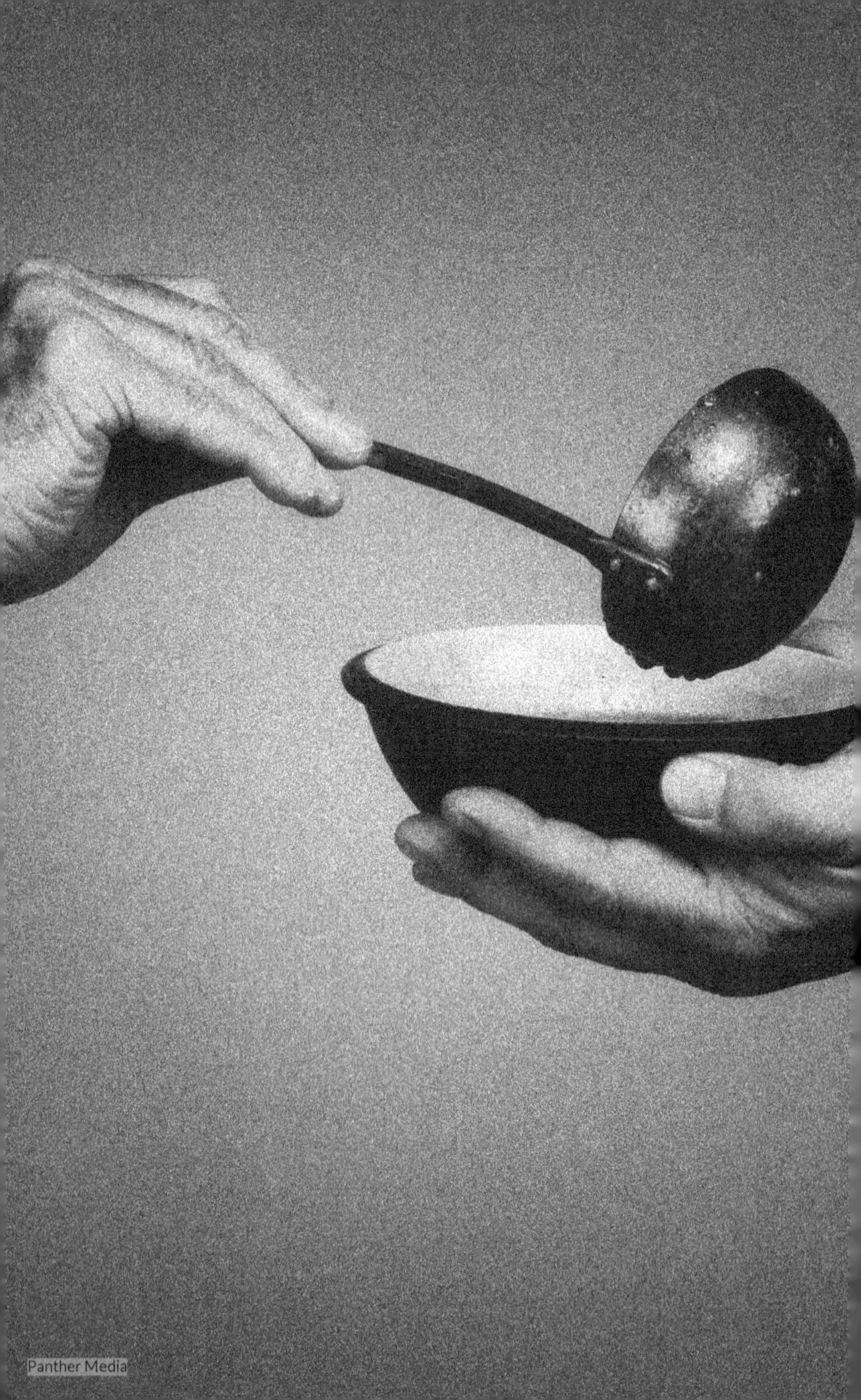
Panther Media

Solidariedade: como despertá-la

Embora os 7 bilhões de seres humanos do Planeta sejam vizinhos entre si, mesmo os mais próximos se comportam como desconhecidos. O mundo moderno é palco do isolamento dos indivíduos em seus interesses pessoais. Nunca a humanidade precisou tanto de solidariedade entre todos os seres humanos, desde os mais próximos até os mais distantes geograficamente. Essa solidariedade deve partir, especialmente, daqueles que fazem parte da parcela mais rica da sociedade. Em um mundo onde 1% detém a riqueza equivalente a 40% da riqueza total de toda população humana, não haverá futuro sem uma ação social, inclusive sob a forma de filantropia, que permita o uso mais equilibrado da riqueza nacional. A solidariedade deve existir para acolher as vítimas de desastres, inclusive ecológicos, para apoiar os que sobrevivem na miséria, para garantir alternativas para as vítimas das crises econômicas, entre outras questões.

Perguntas:
1. Como implantar um sistema nacional de solidariedade capaz de apoiar todos os necessitados em escala mundial?
2. Como reconhecer os que usam a própria renda para fazer filantropia?

Dudu Cavalcanti

Cidades: o que fazer

A maior parte da população vive hoje em cidades, em concentrações de pobreza gerada pela falta de habitação, água, saneamento, educação, saúde, transporte, bem como pela crescente violência e o trânsito caótico. As cidades do mundo são bombas programadas para explodir. É preciso, assim, desativar essas bombas.

Perguntas:
1. É possível promover a desmigração das cidades para o campo?
2. Como fazer cidades mais inteligentes, eficientes, humanas e pacíficas?
3. Quais as boas experiências de administração de cidades no mundo?
4. Como equacionar problemas como transporte urbano e lixo de forma compatível com o meio ambiente e com o aumento do tempo livre dos habitantes?
5. Como cuidar da questão da imigração nas cidades?

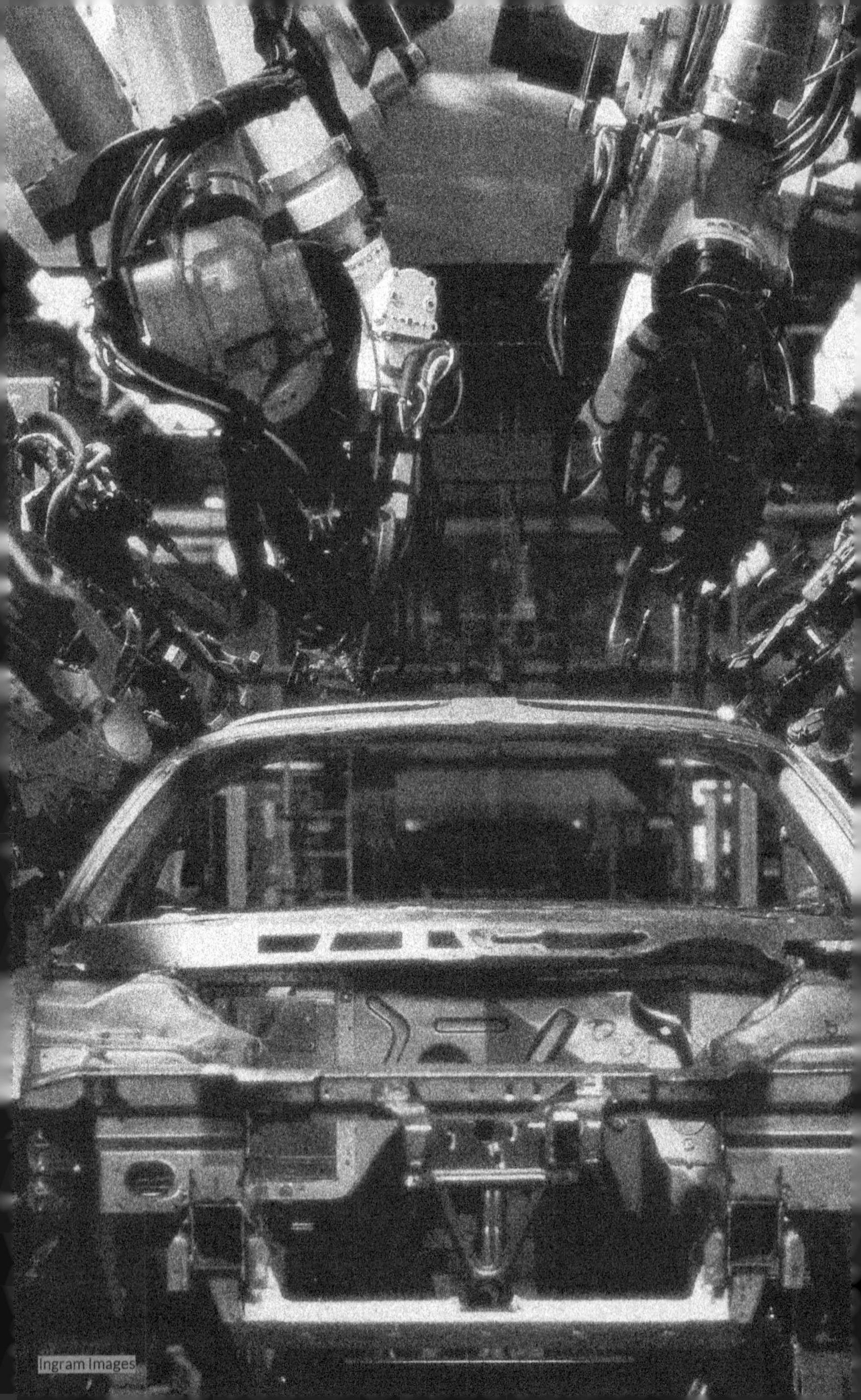
Ingram Images

Trabalho:
o que será no futuro

Um dos sonhos da humanidade tem sido eliminar a necessidade de trabalho humano, substituindo-o pela ação de máquinas. Já estamos perto de conseguir isso, mas, no lugar de livrarmos os homens do trabalho, condenamo-los ao desemprego. É preciso imaginar de que forma o trabalho humano será realizado no futuro: Haverá uma guerra entre "máquinas inteligentes" e "homens descartáveis"?

Perguntas:
1. Que áreas do trabalho humano jamais serão substituídas pelas máquinas inteligentes?
2. Como preencher o tempo dos "homens descartáveis"?

Saúde: como conquistá-la

Poucos setores da civilização tem melhores resultados a apresentar – por meio das conquistas no aumento da esperança de vida média e no conforto – do que a saúde. Mas esse avanço trouxe dois problemas: a desigualdade com que seus resultados são distribuídos socialmente, de acordo com a renda da pessoa, e a falta de dignidade com que a morte vem sendo tratada.

Hoje, a saúde é definida pelos médicos com base em instrumentos e indicadores e tratada por meio de acordos entre fabricantes de equipamentos e remédios. Há a obrigação de manter a vida até o final – definida como batida do coração e respiração do pulmão, mesmo sendo estes mantidos artificialmente, por meio de máquinas. A redefinição da saúde é, assim, necessária para o futuro.

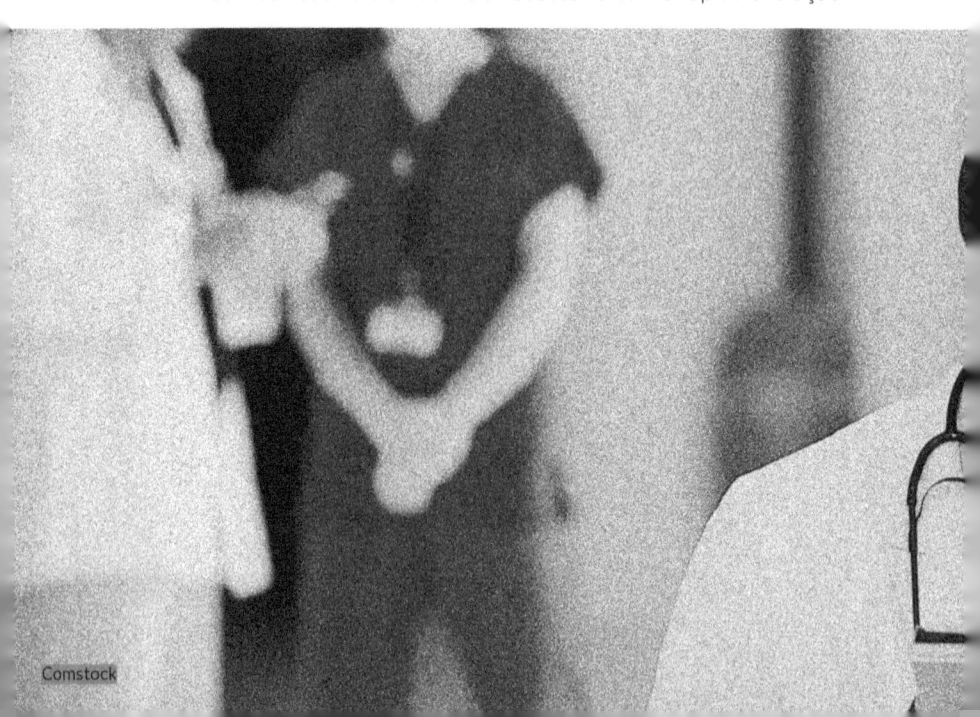

Dispondo dos modernos meios técnicos da medicina, a vida vegetativa pode ser mantida por longo período. Por essa razão, a humanidade precisa de uma ética que redefina o próprio conceito de saúde e, também, de justificativas para a permanência da vida. Isso será ainda mais necessário com a rápida evolução da medicina e da biotecnologia, que já possuem meios de ampliar consideravelmente tanto a esperança de vida quanto a permanência da juventude – aparentemente para poucos.

Perguntas:
1. Até quando pode-se manter a vida de uma pessoa?
2. Como saber o momento em que a manutenção da vida se transforma em um instrumento de ampliação do lucro de empresas, de sofrimento de famílias e de diminuição da dignidade da pessoa?
3. Como redefinir o papel da medicina?
4. Como livrar o sistema de saúde do lucro de fabricantes de remédios e equipamentos?
5. Como assegurar o mesmo direito de acesso à saúde a cada ser humano?
6. Como impedir que tecnologias da saúde sejam usadas para induzir uma mutação biológica que torne os homens dessemelhantes?
7. Como chegar a uma abordagem holística de saúde que considere o meio ambiente?

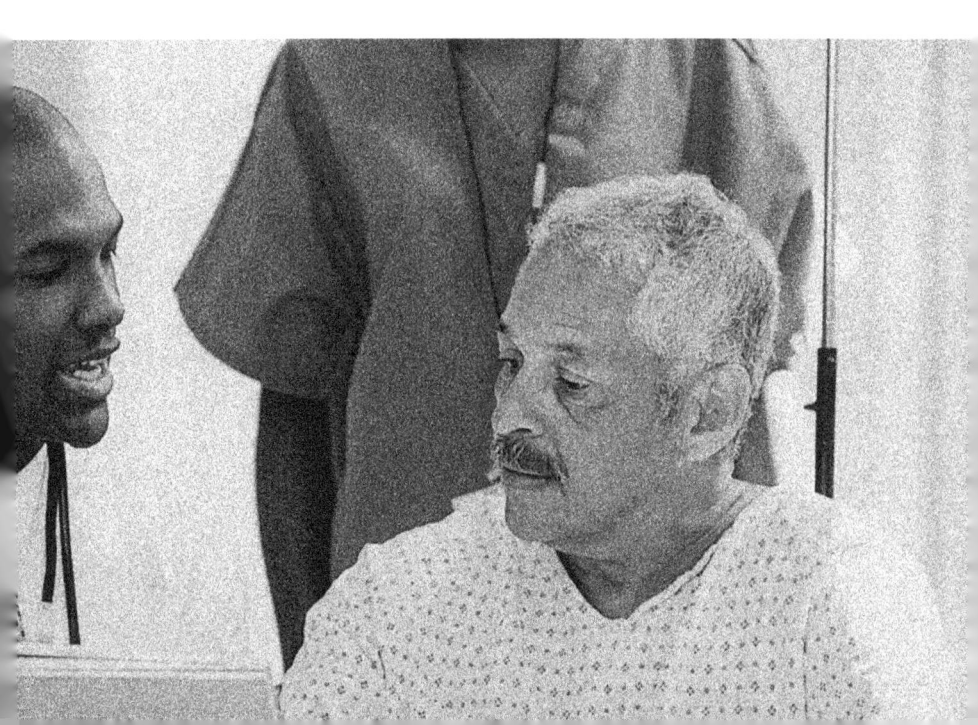

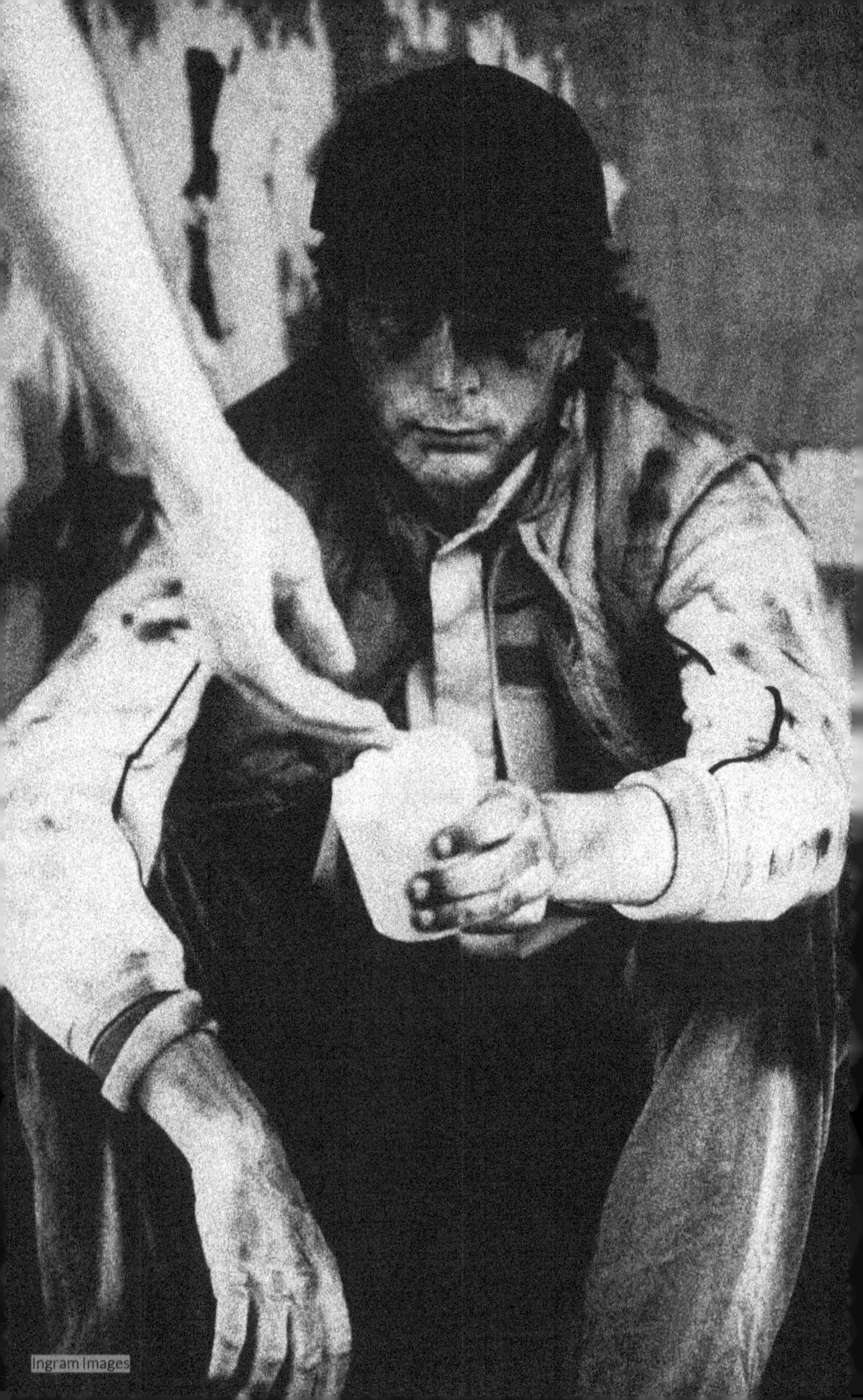
Ingram Images

Desigualdade: como reduzi-la

A civilização industrial oferecia a certeza de redução na desigualdade social e de renda. Ao longo de décadas, essa redução ocorreu nos chamados *países desenvolvidos*. Porém, as últimas décadas evidenciam que a desigualdade tem aumentado entre as pessoas mais pobres e as mais ricas, em escala global e dentro de quase todos os países. Ainda mais desigual tem sido o acesso aos serviços de saúde e educação. Embora o futuro não deva buscar a autoritária igualdade na renda e no consumo, pelo menos três serviços sociais devem ter garantia de acesso igual para todos: a educação, a saúde e a justiça.

Perguntas:
1. Há o risco de que a desigualdade no acesso aos serviços de saúde possa quebrar o sentimento de semelhança entre os seres humanos?
2. A desigualdade no acesso aos serviços educacionais é o berço de todas as demais desigualdades sociais?
3. Como construir sistemas de atendimento à saúde e à educação que ofereçam a mesma qualidade a cada ser humano, independentemente da renda familiar do indivíduo e da economia do país onde ele vive?
4. É mais importante erradicar a pobreza ou diminuir a desigualdade?
5. A distribuição de renda é o caminho para a redução da desigualdade social?
6. Como assegurar acesso igual aos serviços da justiça, independentemente do nível de renda da pessoa?

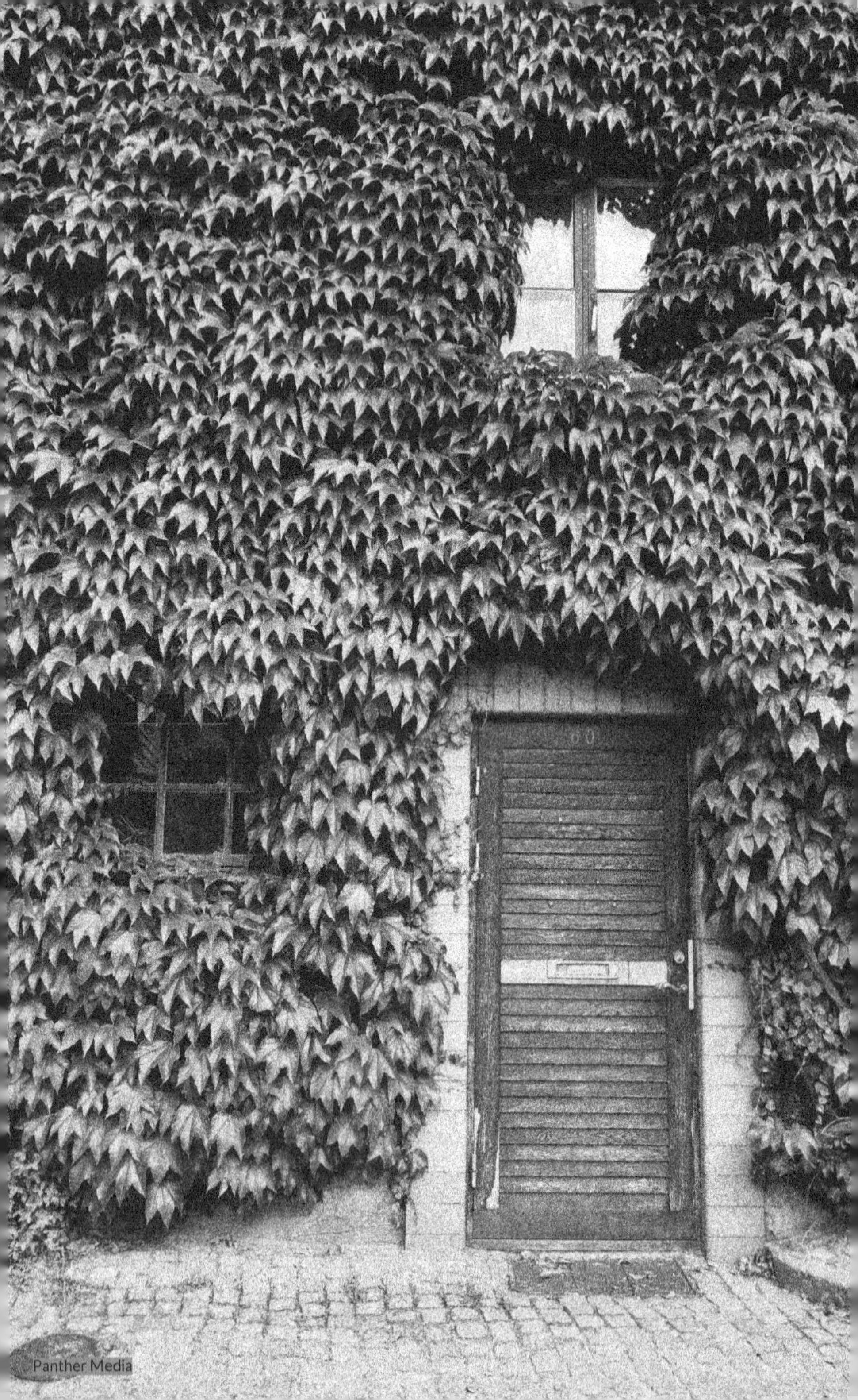
Panther Media

Habitação: como fazê-la sustentável e para todos

Depois de dois séculos de civilização industrial, a humanidade está dividida entre os que não têm moradia e os que usam a moradia sem sustentabilidade. O futuro exige garantir moradia a todos os pobres e fazer sustentável a habitação onde vivem os ricos.

Perguntas:
1. Que materiais de construção podem garantir a sustentabilidade ecológica?
2. Como formar arquitetos, engenheiros e urbanistas capazes de desenhar soluções sustentáveis?
3. Como resolver o problema da climatização sem o custo ecológico do ar-condicionado?
4. Como fazer o tratamento dos resíduos domésticos de forma reciclável?
5. Como transformar casas consumidoras em geradoras de energia?

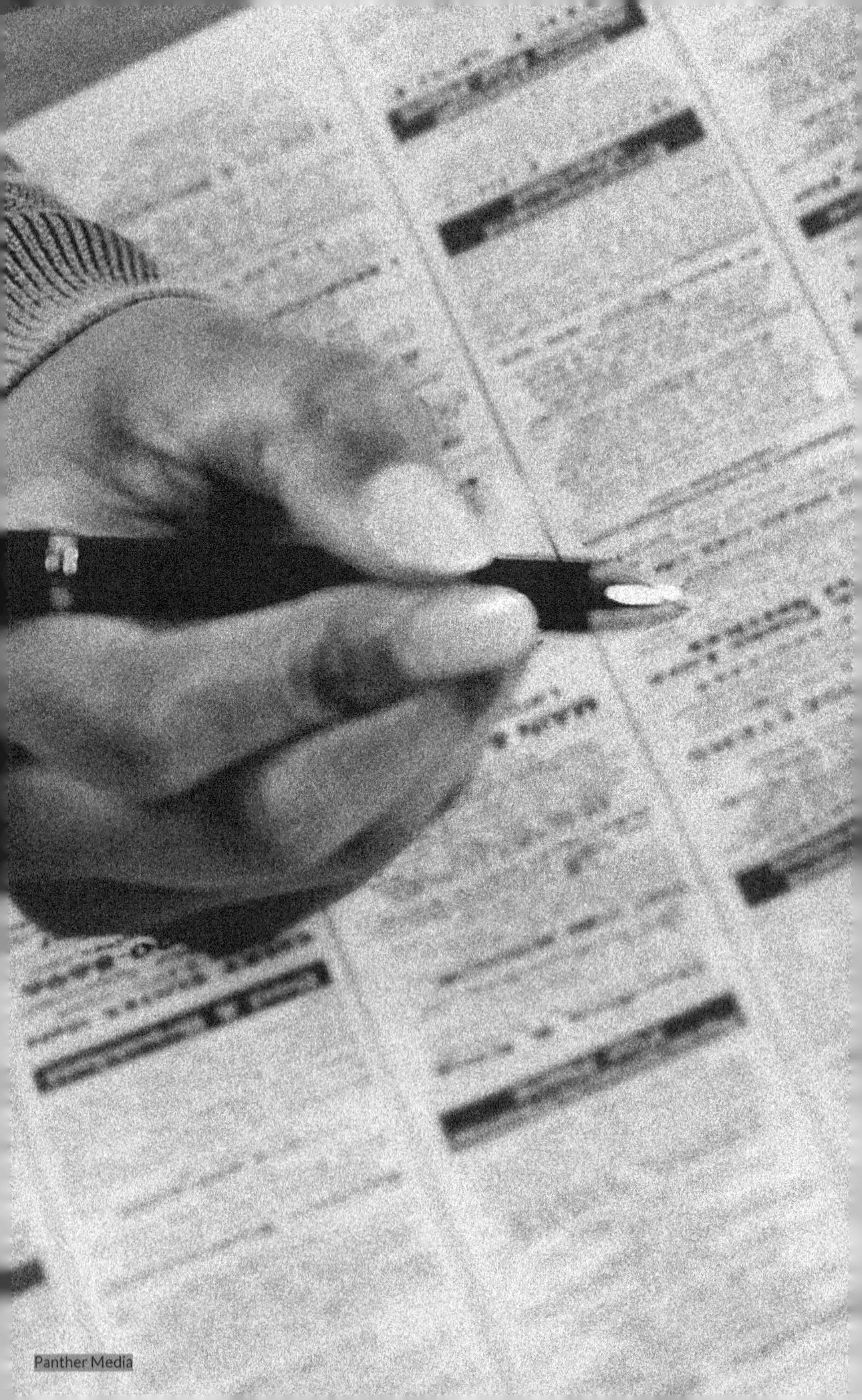
Panther Media

Desemprego: como evitá-lo e como conviver com ele

O avanço técnico criou uma geração desempregada. Em alguns países da Europa, quase a metade dos jovens está fora da escola e do mercado de trabalho. O sonho do pleno emprego morreu.

Perguntas:
1. A solução está na redução da jornada e do período anual de trabalho?
2. Como conviver com o desemprego permanente de uma população já descartada do processo produtivo?
3. Como regulamentar o uso do avanço técnico para reduzir o desemprego?
4. Como garantir a vida aos desempregados?

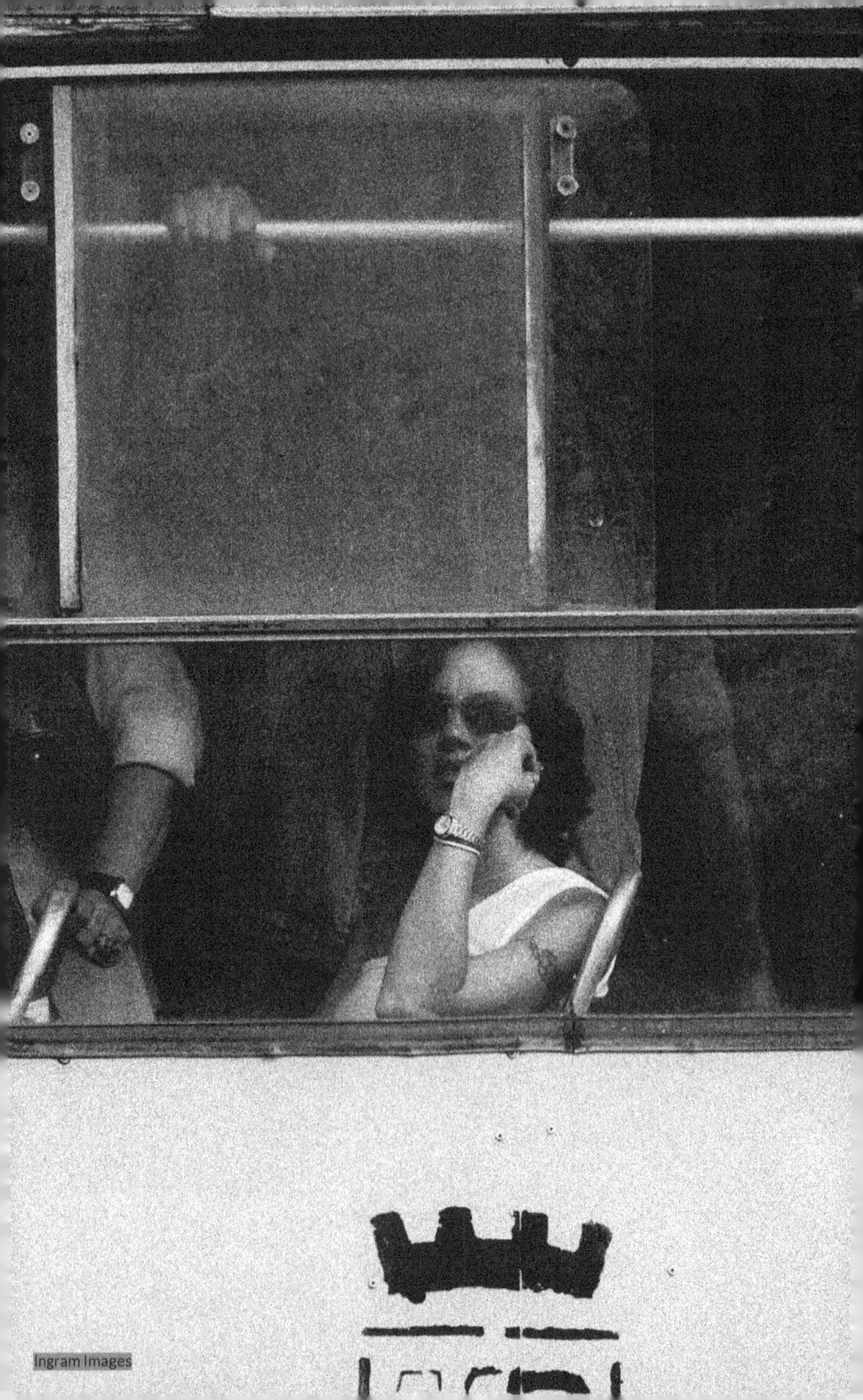

Ingram Images

Transporte: como reduzir o tempo perdido

Ao longo de décadas, a redução no tempo de locomoção foi uma das conquistas da civilização, e ela continua evoluindo.

No entanto, hoje a modernidade técnica sacrifica a modernidade ética na definição dos meios de transportes no setor urbano.

O transporte interurbano se faz por estradas que, muitas vezes, violam a natureza e ameaçam a sobrevivência de etnias. O futuro precisa evoluir ainda mais no sentido de reduzir o tempo gasto em locomoções, respeitando o equilíbrio ecológico e a diversidade natural e étnica.

Perguntas:
1. Como tornar mais eficientes os sistemas de transporte urbano?
2. Como reduzir a necessidade de locomoção, tanto de pessoas quanto de mercadorias?

Delfim Martins

Alimento: como produzir para satisfazer às necessidades em equilíbrio ecológico

A eliminação da vergonha da fome no mundo de hoje e do futuro, a inclusão social e o crescimento demográfico vão exigir o aumento da produção agrícola. Isso provoca o desafio de como aumentar a produção respeitando o meio ambiente, especialmente as florestas; de como enfrentar a disputa da demanda por energia; e, sobretudo, de como administrar a oferta de alimentos não só para a comercialização. Também será preciso controlar o uso das arriscadas técnicas de manuseio genético, que oferece grandes chances de evolução, mas cujas consequências ainda são imprevisíveis.

Perguntas:
1. Como produzir mais alimentos?
2. Quais os riscos do manuseio genético?
3. Há possibilidade de produção de alimentos fora da agricultura?
4. Quais as principais áreas geográficas de produção de alimentos no futuro?
5. Como evitar a disputa entre alimentos e energia e entre alimentos e florestas e biomas?
6. Como incentivar com eficiência os produtores locais, próximos ao consumo?
7. Como eliminar o desperdício de alimentos, tanto na produção quanto na comercialização, no manuseio doméstico ou em restaurantes?

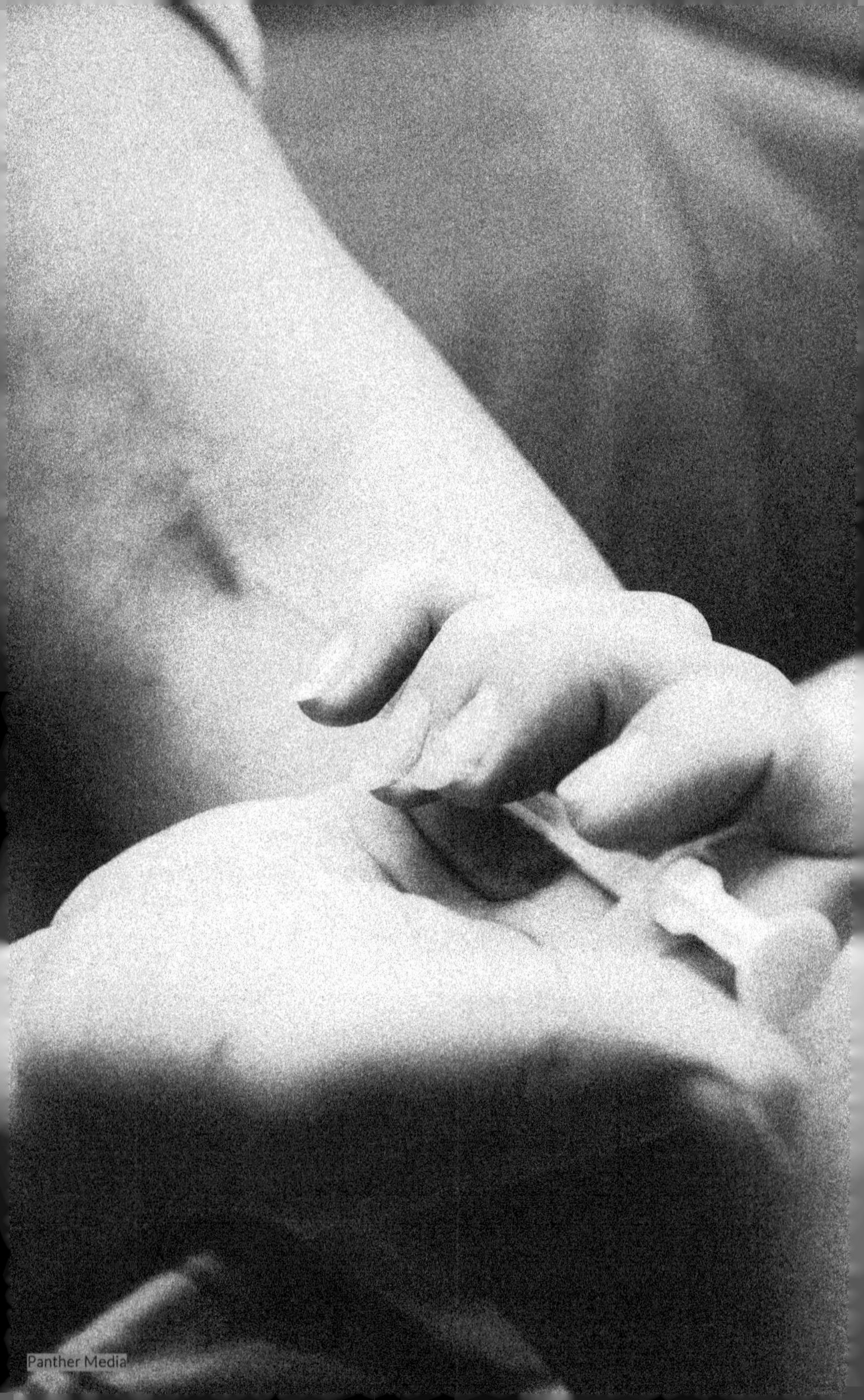
Panther Media

Drogas: como evitá-las

O uso de drogas tem uma longa história e está presente em todas as sociedades, desde as mais primitivas. A diferença nos dias de hoje está na situação crônica, na generalização, na violência das drogas sintéticas e do tráfico. Pode-se dizer que, nas sociedades antigas, as drogas eram um complemento, pois não causavam dependência; não havia a concepção de usuário, uma vez que era consumida por poucos, especialmente para a elevação transcendental e a inspiração intelectual. Hoje ela é utilizada como uma fuga aos problemas de sobrevivência e ao vazio existencial; é o escape ao fracasso no desemprego, à baixa renda, ao consumo insuficiente e insatisfatório, à desagregação familiar, entre outros. O crescente uso de drogas, especialmente pelos jovens, o preconceito contra os usuários e a violência dos traficantes fazem do combate ao consumo de drogas um dos grandes desafios para o futuro da humanidade.

Perguntas:
1. Como definir o que são drogas?
2. Como escolher entre a violência do tráfico ilegal e a degradação pela legalidade?
3. Como separar as "drogas positivas", como remédios e vitaminas, das "drogas negativas"?
4. O consumo de drogas decorre da droga do consumo?

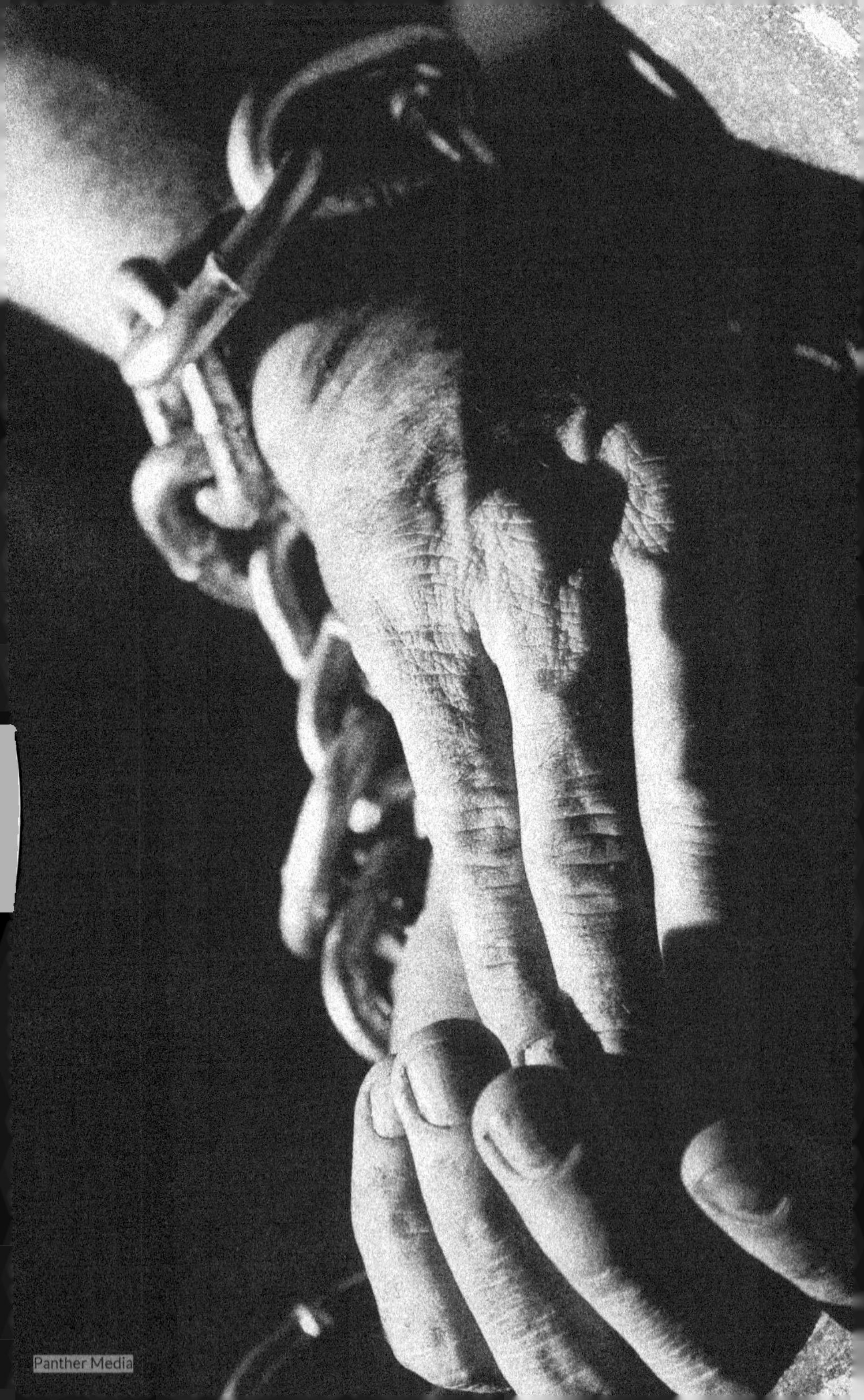
Panther Media

Escravidão: como aboli-la

É surpreendente que, em pleno século XXI, ao olhar para o futuro, a humanidade tenha de enfrentar o desafio de abolir a escravidão. Mas esse é um fato nos dias atuais. Dados de fontes diversas estimam que pelo menos 27 milhões de pessoas sobrevivem hoje em condições não apenas de pobreza, exclusão e desigualdade, mas no mais grave estado de escravidão, seja pelo trabalho forçado ou pela exploração sexual, seja pelo trabalho não remunerado ou pelo trabalho infantil.

Perguntas:
1. Como definir o trabalho escravo?
2. Como fazer a escravidão ser considerada um crime contra a humanidade?
3. Como promover a recuperação dos milhões que vivem em escravidão?

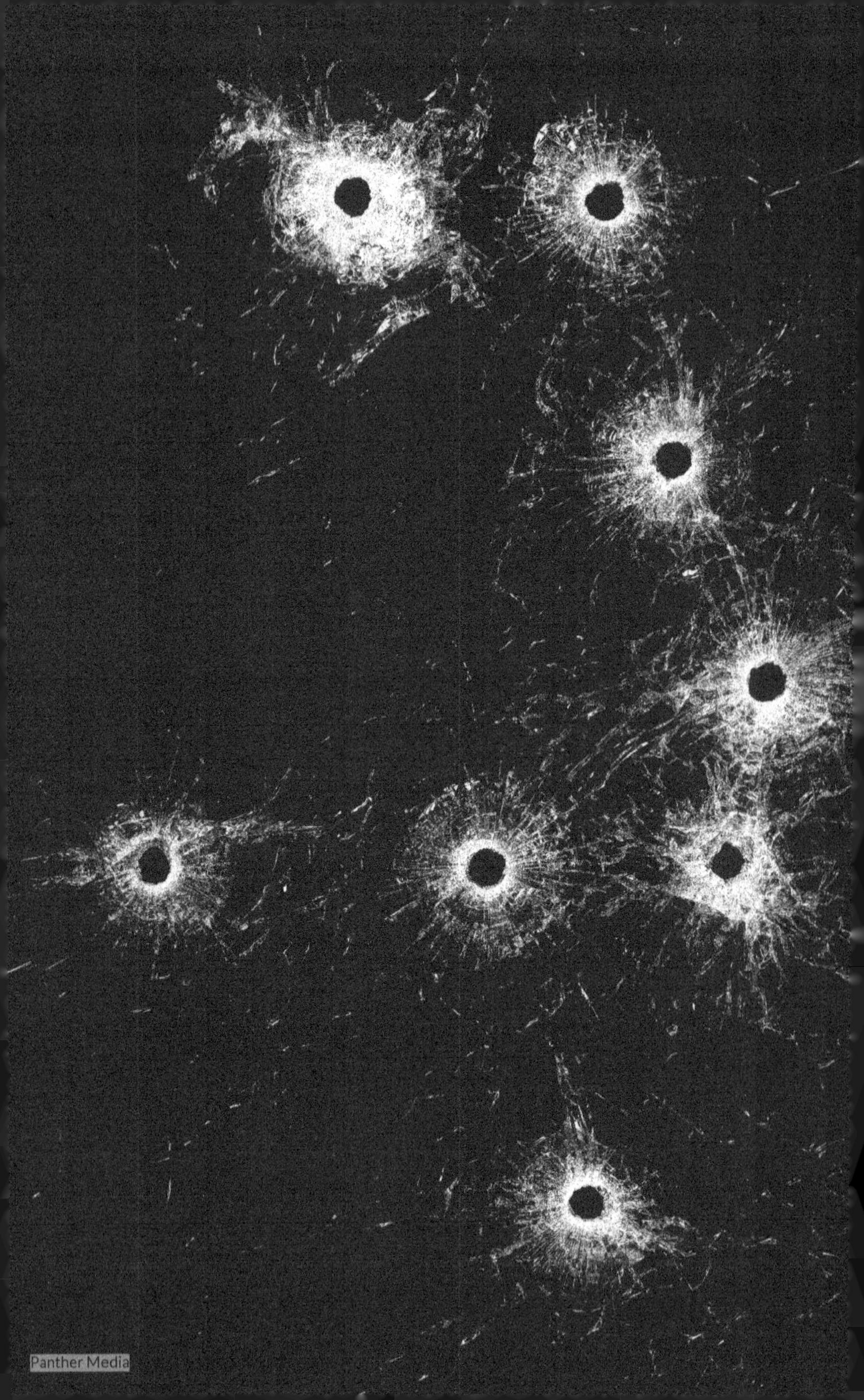
Panther Media

Crime: como controlar

O grau de desenvolvimento de uma civilização pode ser definido pelo nível da criminalidade em sua sociedade e pela forma como esta combate o crime e trata os criminosos. A despeito da vergonha que são as prisões atuais, a civilização industrial representa um avanço em relação ao passado. Apesar disso, o número de criminosos vem aumentando. Em muitos países, o tratamento degradante continua e a pena de morte ainda existe. No ano de 2011 houve, pelo menos, 1.521 execuções por pena de morte em 93 países.

Perguntas:
1. Como reduzir a criminalidade?
2. Como recuperar os criminosos?
3. Como tratar os condenados com dignidade?
4. Como definir corretamente o que é crime?
5. Como enfrentar a questão da infração de menores?
6. Como abolir a pena de morte?

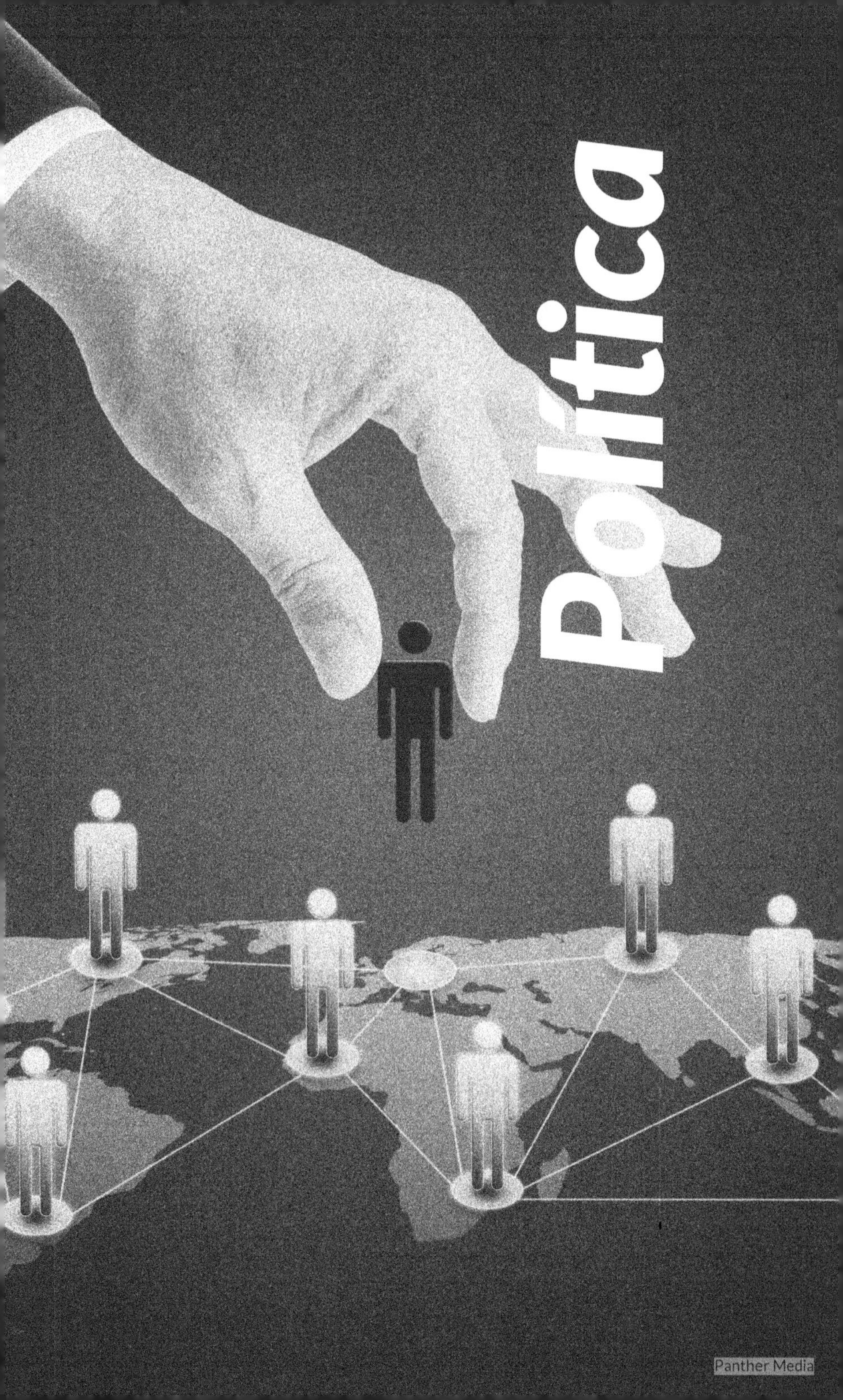
Política
Panther Media

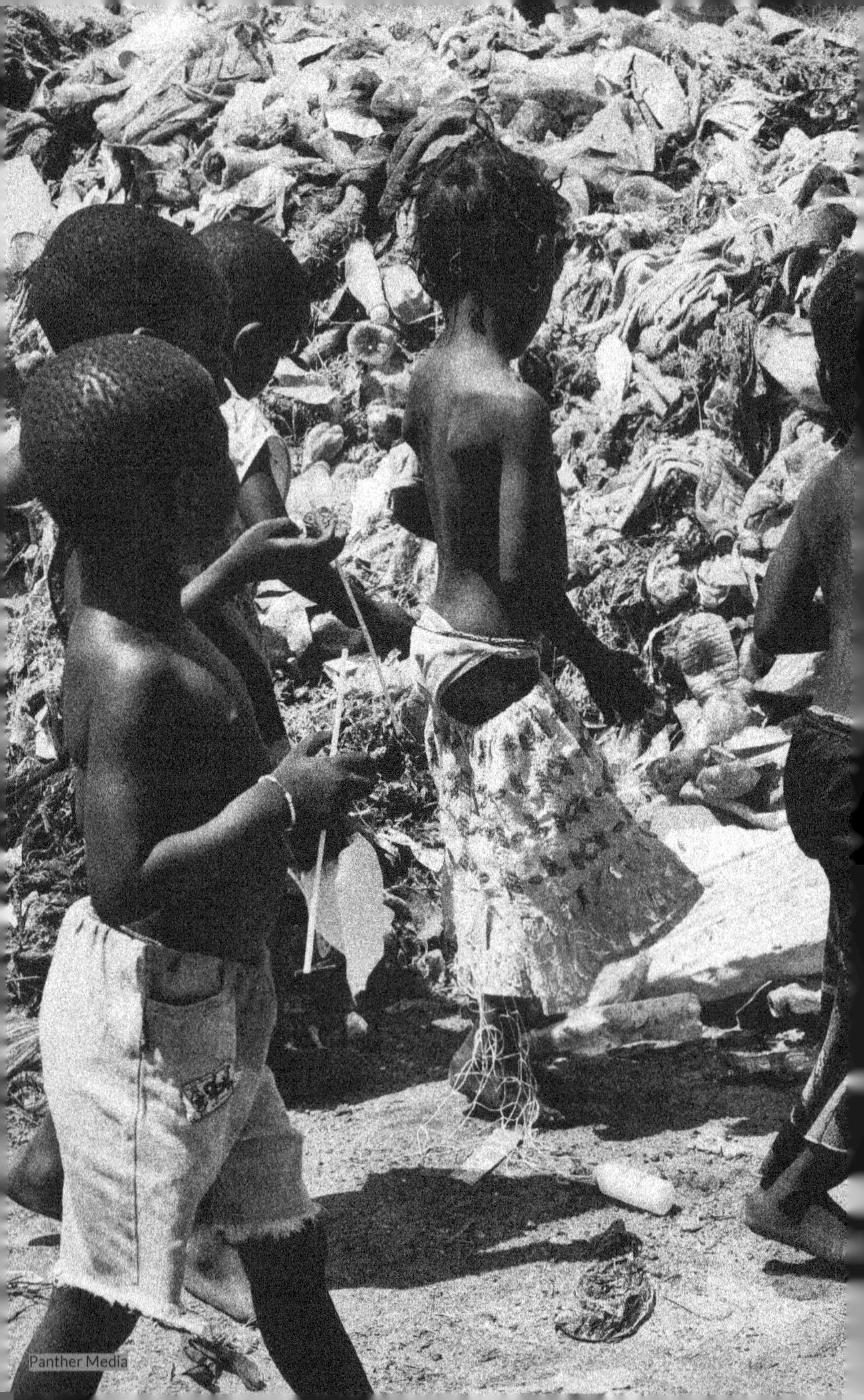
Panther Media

Estados inviáveis: como se solidarizar com eles

A globalização está inviabilizando pequenos Estados: alguns pela fragilidade política, financeira ou econômica, outros, pela fragilidade ecológica. Pelo menos 30 pequenas nações sentem-se impossibilitadas de sobreviver com estabilidade social e econômica; outras correm o risco de desaparecer sob as águas – tendo em vista a elevação do nível do mar por força do aquecimento global – ou por causa da desertificação.

Perguntas:
1. Será preciso garantir a soberania desses países por meio de fortes injeções de recursos externos, tanto financeiros quanto técnicos e institucionais?
2. É necessário internacionalizar esses países, colocando-os sob a proteção das Nações Unidas?
3. É necessário anexar esses Estados a outros vizinhos maiores?

Panther Media

Governança: como administrar as soluções

Talvez o maior problema para a humanidade, no futuro próximo, é como fazer uma governança global com o poder político dividido por países. A democracia, que teve origem em Estados-Cidade, adapta-se aos Estados-Nação, mas não está conseguindo evoluir para o Estado-Globo. Os políticos se reúnem para debater os problemas de longo prazo da humanidade pensando apenas em seus eleitores nacionais. O grande desafio da governança no futuro, então, é fazer com que os políticos eleitos localmente, presos ao calendário da próxima eleição, sejam capazes de agir tomando decisões para todo o Planeta a longo prazo.

Perguntas:
1. Como administrar o Planeta no longo prazo com uma democracia baseada em eleições locais e concentradas nos interesses de curto prazo dos eleitores?
2. Que organismo internacional poderá auxiliar os governos, com soluções para todo o Planeta, apesar da soberania de cada país?
3. Até quando a soberania de cada nação deve se sobrepor aos interesses maiores da humanidade?
4. A solução vai estar em parâmetros éticos globais, impostos sobre as políticas locais?
5. Quem definirá os parâmetros éticos globais?

Demografia

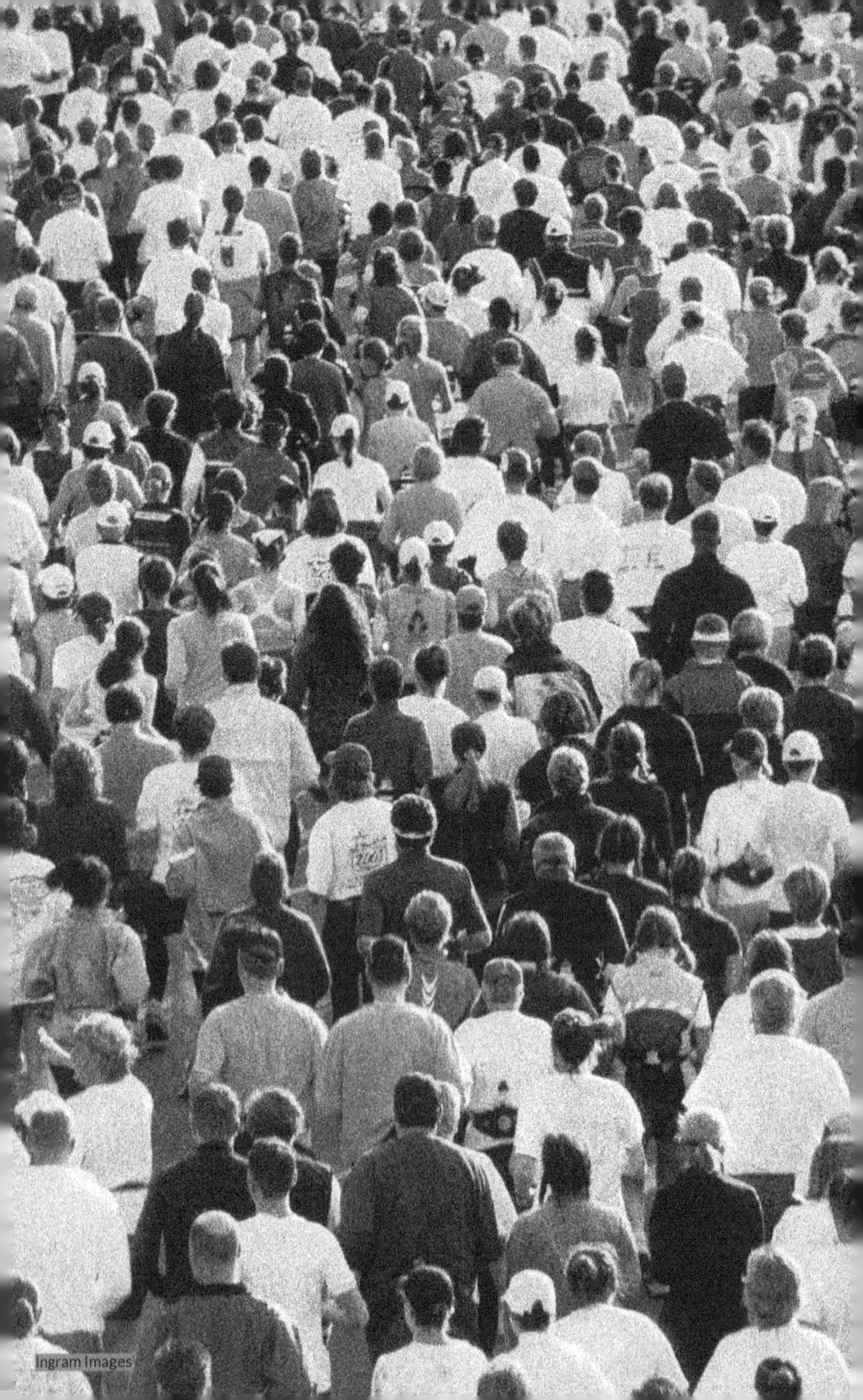
Ingram Images

População: crescimento e desafios

Os mais importantes êxitos da civilização têm sido a redução da mortalidade infantil e o aumento na esperança de vida. No entanto, em consequência disso, surge o grande desafio da crescente população mundial. Neste ano de 2012, a humanidade chega a 7 bilhões de seres vivos. Para ter-se uma ideia do tamanho dessa população, estima-se que apenas 107 bilhões de seres humanos já viveram desde a origem da espécie. Mesmo sendo uma estimativa especulativa, o número atual mostra o quadro de explosão demográfica do século XX. Se essa tendência continuar, a população humana torna-se uma bomba que precisa ser desativada, sem, no entanto, agravar as dificuldades do envelhecimento por falta de jovens.

Perguntas:
1. Como desativar a bomba demográfica respeitando os direitos humanos?
2. Como reduzir o crescimento populacional?

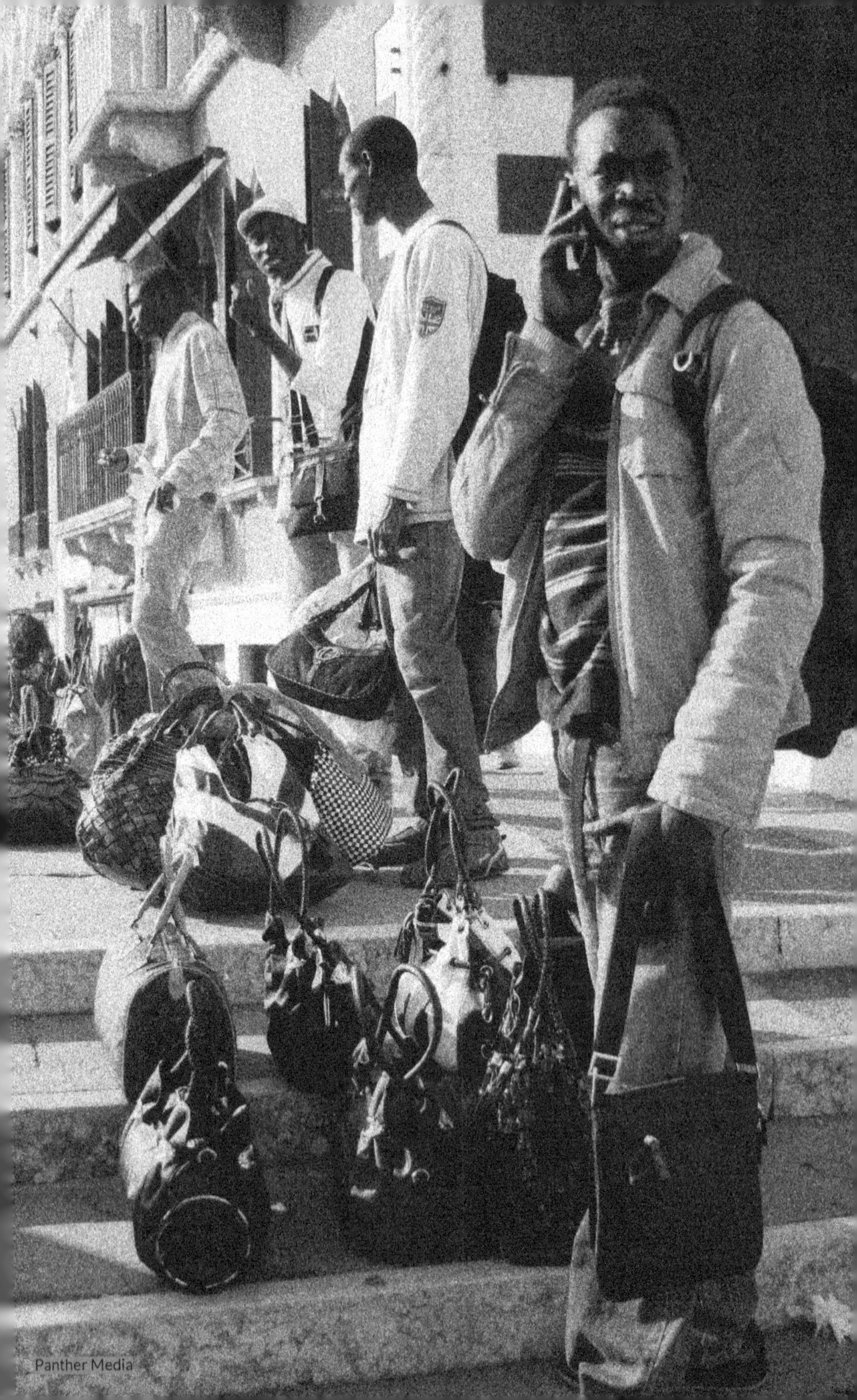
Panther Media

Migração: como conviver com ela

O presente mostra uma transumância sem igual, como em nenhuma outra época, nem mesmo na época da migração forçada do tráfico negreiro. No presente, a migração desequilibra os imigrantes e a sociedade dos países esvaziados, bem como a sociedade dos países hospedeiros. É preciso, ao mesmo tempo, assegurar o direito à migração espontânea e eliminar a migração forçada, seja por exílio, seja por razões econômicas ou ecológicas.

Perguntas:
1. Como permitir as migrações em um mundo dividido em fronteiras?
2. Como barrar as forças que provocam o exílio econômico, pela falta de renda e pelos riscos de projetos de infraestrutura?
3. Como tratar o exílio ecológico provocado por mudanças climáticas?
4. Como usar a riqueza dos países ricos para promover o emprego e a qualidade de vida dos países pobres, a fim de reduzir a migração?

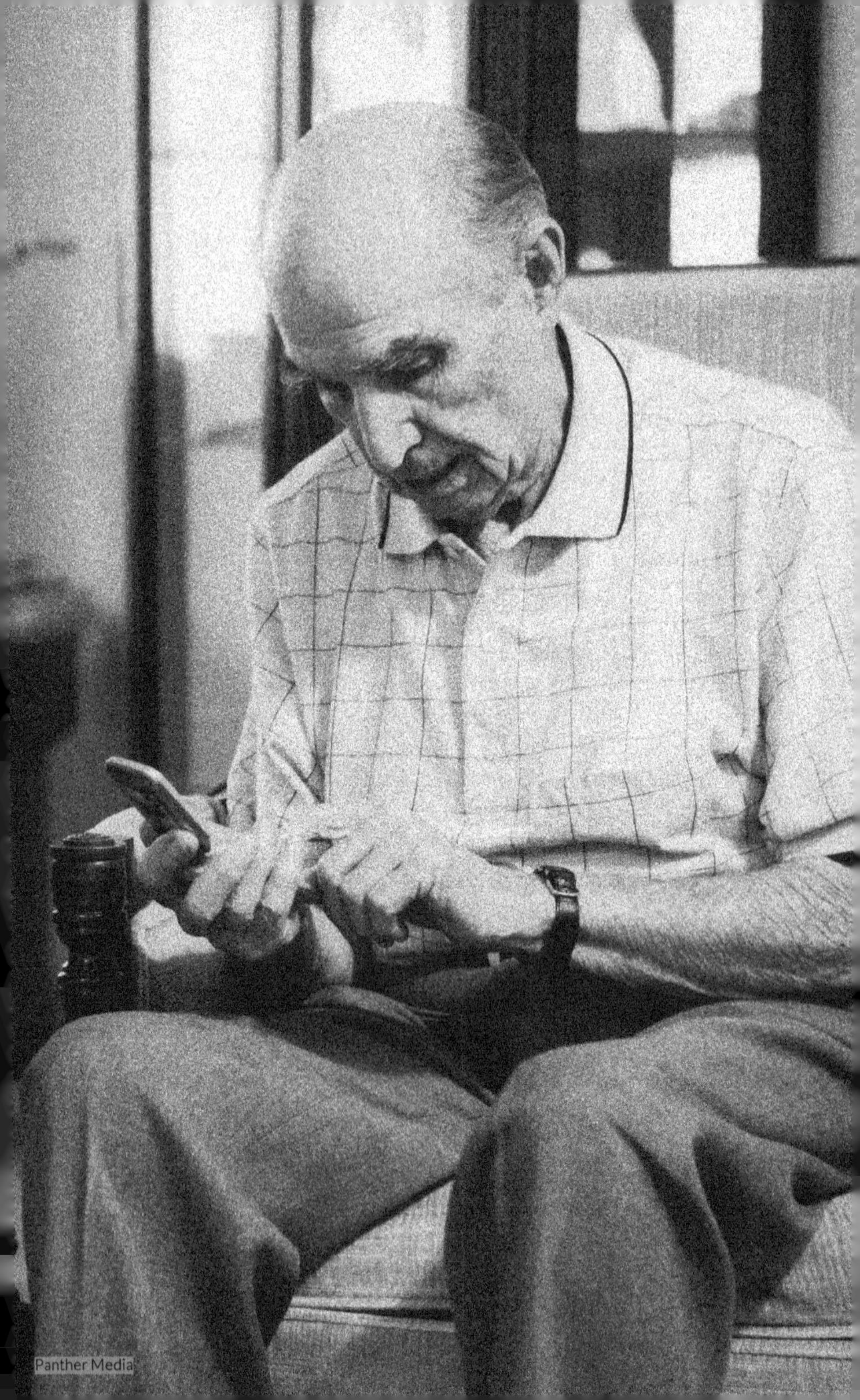
Panther Media

Envelhecimento: como organizar uma sociedade com maioria de velhos

O alongamento da esperança de vida é o objetivo central do processo civilizatório. No presente, o envelhecimento se tornou uma realidade, e a sociedade não está preparada para enfrentá-lo. Os sistemas de previdência e de assistência médica estão em crise e a ocupação dos cidadãos velhos tornou-se um problema, sobretudo pela desarticulação da cultura de proteção familiar, simultânea à falência do estado-previdência.

Perguntas:
1. Será necessário reduzir os benefícios previdenciários e aumentar a idade mínima para a aposentadoria?
2. Como manter a qualidade dos serviços médicos e assistenciais?
3. Como ocupar ativamente os idosos?

United States Navy

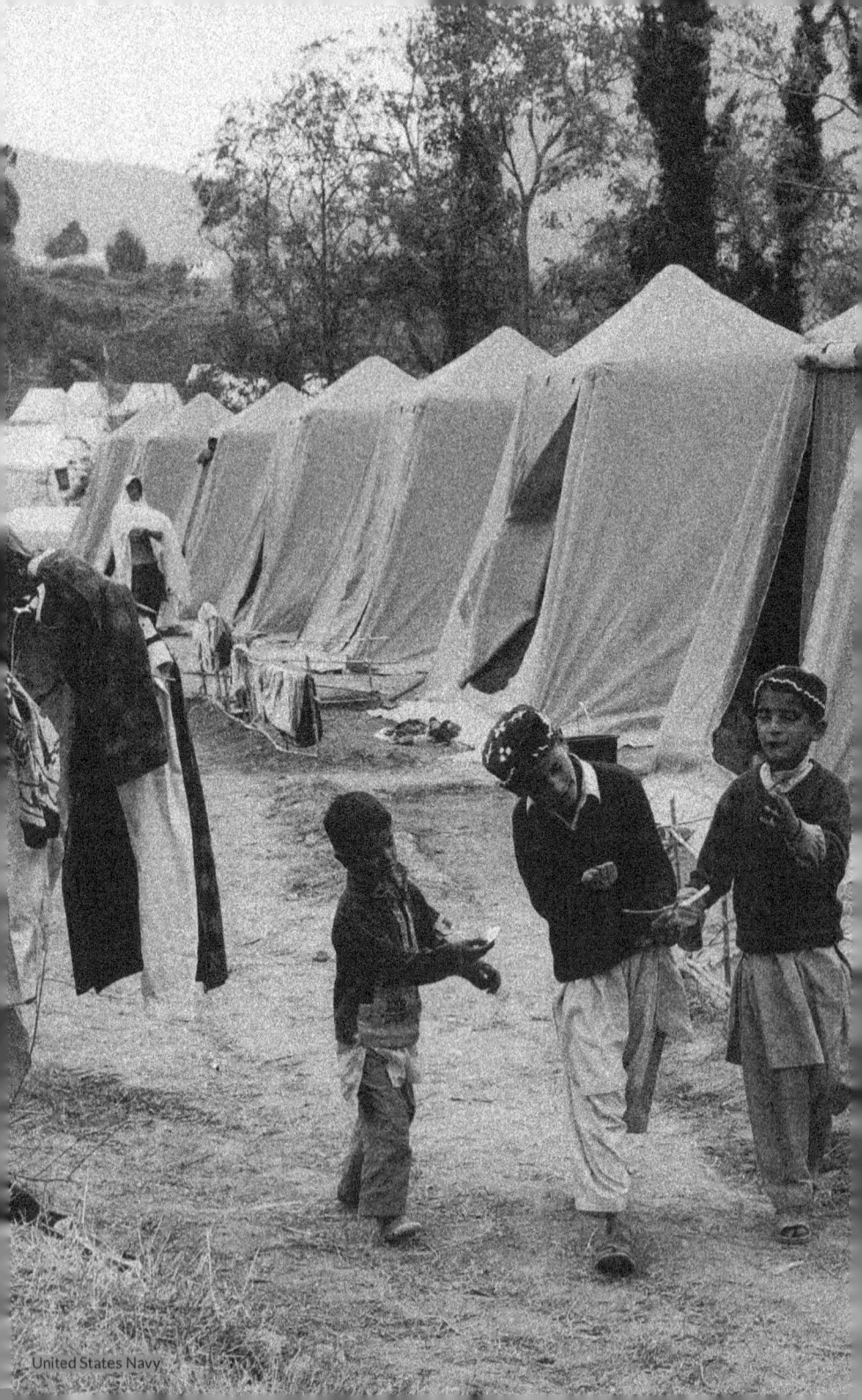

Refugiados: como cuidar deles

Guerras, catástrofes ecológicas, naturais ou induzidas pelos homem, crises, grandes obras civis e intolerâncias estão provocando uma demografia de refugiados espalhados pelo mundo – sem pátria, sem inserções, sem futuro. Hoje, milhões são obrigados a emigrar por causa da desertificação e de outras consequências provocadas pelas mudanças climáticas; em breve, talvez centenas de milhões tenham de deixar seus lugares por causa da elevação no nível do mar. As grandes obras também deslocam populações, como, por exemplo: na construção de grandes represas, no desenvolvimento urbano, na abertura de estradas etc.

Qualquer projeto para a humanidade exige que se dê um tratamento solidário a esse contingente de dezenas de milhões de pessoas.

Perguntas:
1. Como evitar as forças que impelem a necessidade de refúgios, sob qualquer razão?
2. Como oferecer terra, pátria, documentos, emprego, renda e serviços sociais aos refugiados?

cultura

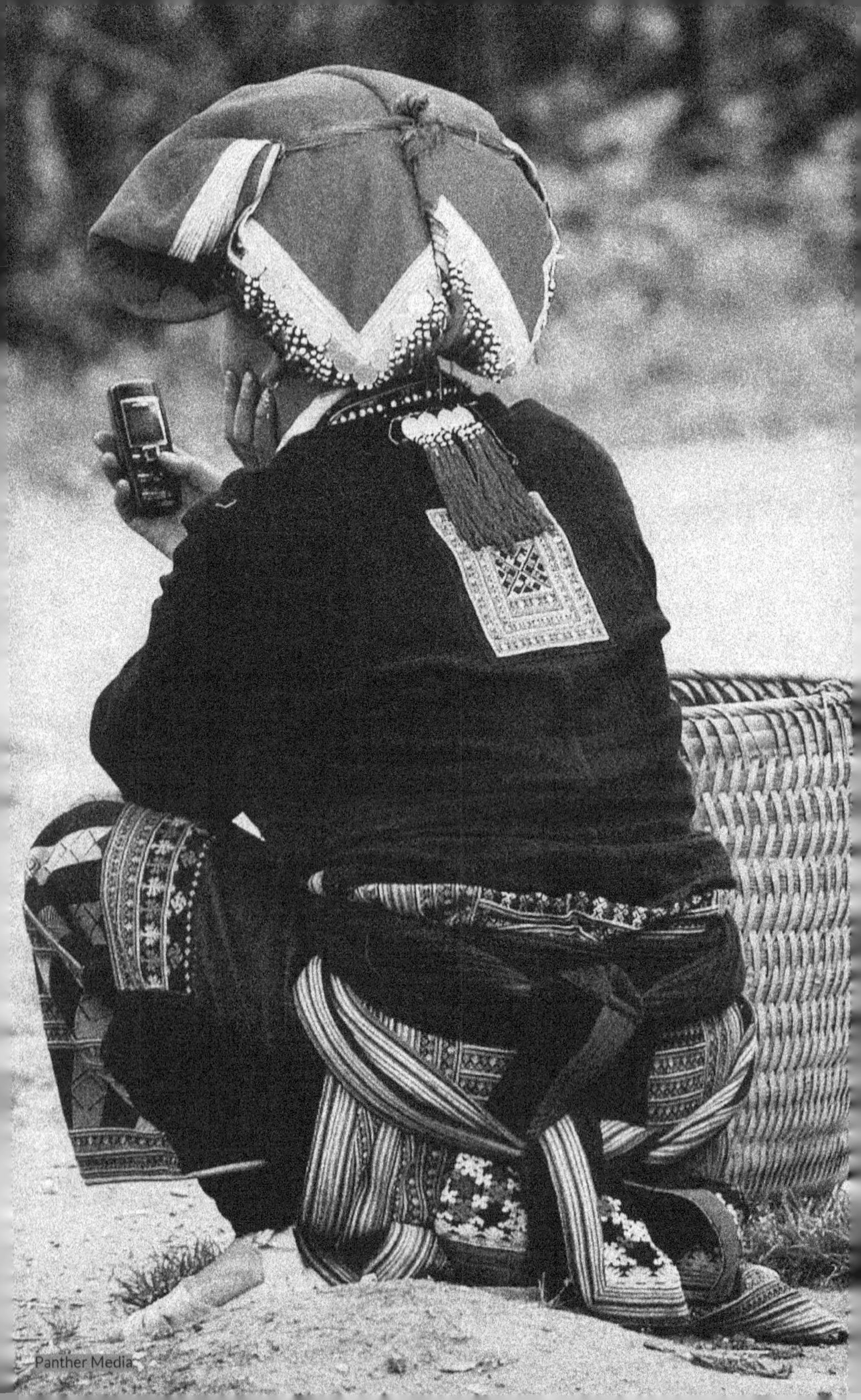
Panther Media

Cultura: como tê-la como objetivo e manter sua diversidade

A globalização traz a imensa vantagem de fazer do Planeta uma província global, onde todos podem ter acesso à cultura de todas as partes, instantaneamente. Ao mesmo tempo, essa universalização ocorre como um trator, demolindo em poucos anos culturas que se formaram e sobreviveram ao longo de séculos e até de milênios. Essa demolição de culturas empobrece a humanidade. A globalização também tem priorizado o valor dos bens materiais monetarizados, comercializados internacionalmente. É preciso, então, manter a diversidade e valorizar cada vez mais a produção de bens culturais.

Perguntas:
1. Como criar mecanismos de convivência entre os diferentes tipos de civilização que existem?
2. Como proteger culturas locais sem frear a marcha da boa universalização do acesso a todas as culturas?
3. Como usar a globalização para integralizar as culturas locais, no lugar de destruí-las?

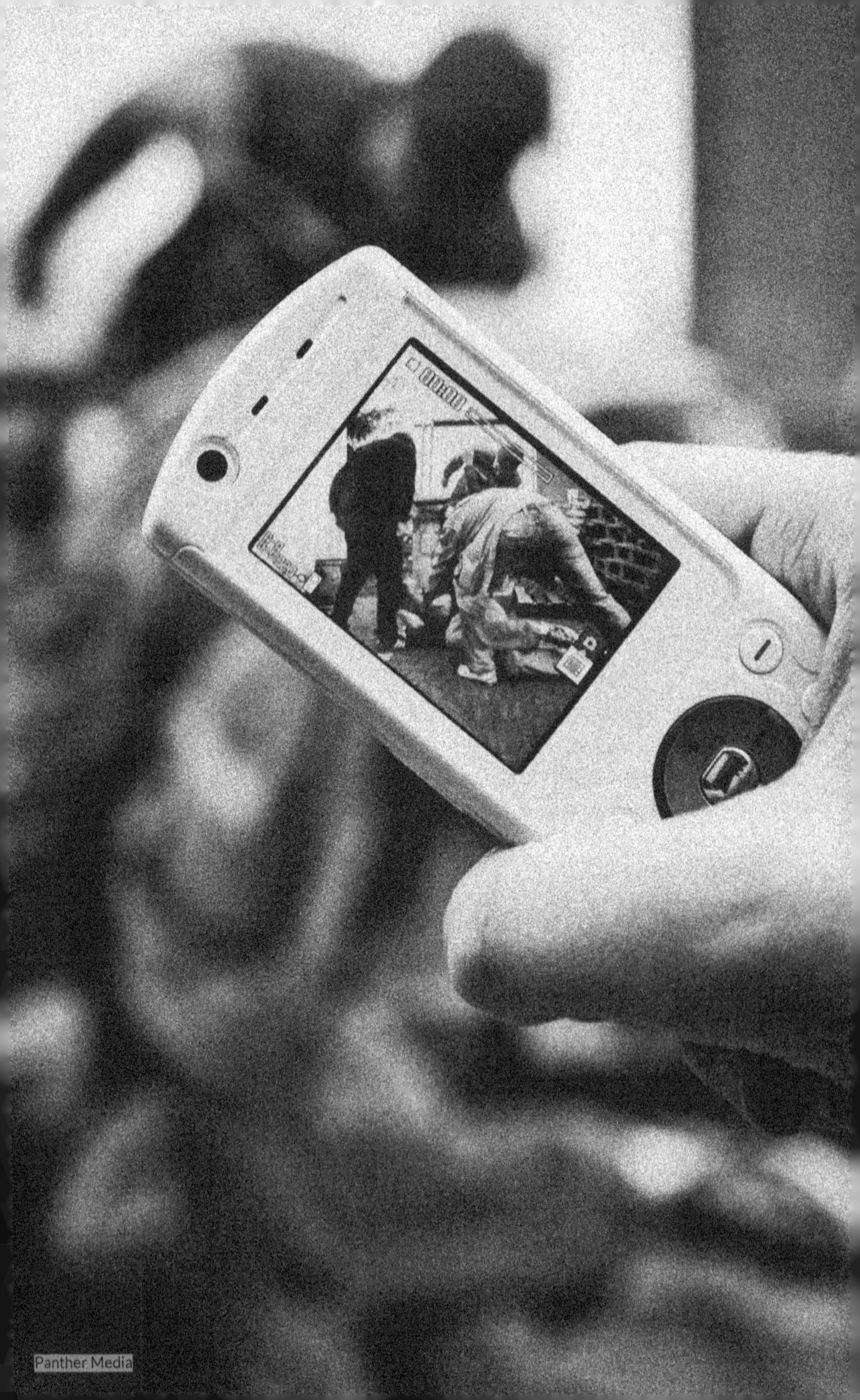
Panther Media

Comunicação: como usá-la para a liberdade

Talvez a maior conquista da globalização tenha sido a integração da humanidade por meio das fronteiras. Graças a isso, salvo as exceções, o homem passou a viver em um mundo integrado pelas comunicações, embora dividido socialmente. Mesmo quando separados, por conta das desigualdades sociais, os seres humanos estão hoje ligados pelos meios de comunicação. No entanto, no lugar de esses meios servirem para ampliar a liberdade, eles são usados para *padronizar* e *enganar* de uma forma antilibertária.

A sociedade moderna se transformou em um grande evento planetário, em um espetáculo. No meio desse espetáculo, o controle de notícias e as estratégias publicitárias espalham conhecimentos falsos e vontades de consumo, criando necessidades. A humanidade está escravizada por um instrumento que se propõe a libertá-la: os meios de comunicação, que induzem a necessidades e criam um mundo irreal.

Perguntas:
1. Como manter a liberdade sem deixá-la ser perniciosa, destrutiva ou mentirosa, conforme os desejos dos donos dos meios publicitários e de informação?
2. Como frear a criação de necessidades que escravizam as pessoas e depredam a natureza?
3. Como mostrar a todos o mundo como ele é, e não como é apresentado pelos que dirigem os meios de comunicação?
4. Como usar a mídia para integrar e informar, e não para enganar?
5. Considerando os elevados custos dos meios de comunicação, como tirá-los de mãos privadas sem deixá-los cair nas mãos de estados?
6. Como induzir a internet a se tornar o veículo da globalização democrática?

DANGE

DO NOT

CHUNNARTACH. N
DANGEREUSE D
LICHE KLIPPE. ÜB
ABEL FJELLHYLLE.
IIO PERICOLOSO.
PELIGROSO. NO A
壁 さくを越えぬこと

Idiomas: como integrar sem destruir

A manutenção de idiomas faz parte da diversidade cultural. Mas as línguas merecem uma preocupação especial: Como será possível salvar e conservar idiomas em um mundo integrado na simultaneidade do inglês hoje e do mandarim amanhã?

Perguntas:
1. Como salvar os idiomas moribundos?
2. Como inserir as novas palavras que surgem a cada dia sem destruir as línguas que as abrigam?

0 1 2 3 4 5 6 7 8 9 10

Comstock

Educação: a ponte entre classes e gerações

Além das causas aleatórias, cada homem se diferencia pela educação que recebe. A educação tanto pode ser o berço da desigualdade como da igualdade, sendo a base de qualquer utopia.

Perguntas:
1. Como assegurar acesso igual à educação às crianças do mundo inteiro, independentemente do PIB do país, da renda da família e do local onde vivem?
2. Como educar para a criatividade, a solidariedade, a visão crítica, o sentimento estético, os valores éticos, necessários à construção de uma sociedade planetária e harmônica entre os seres humanos e entre estes e a natureza?

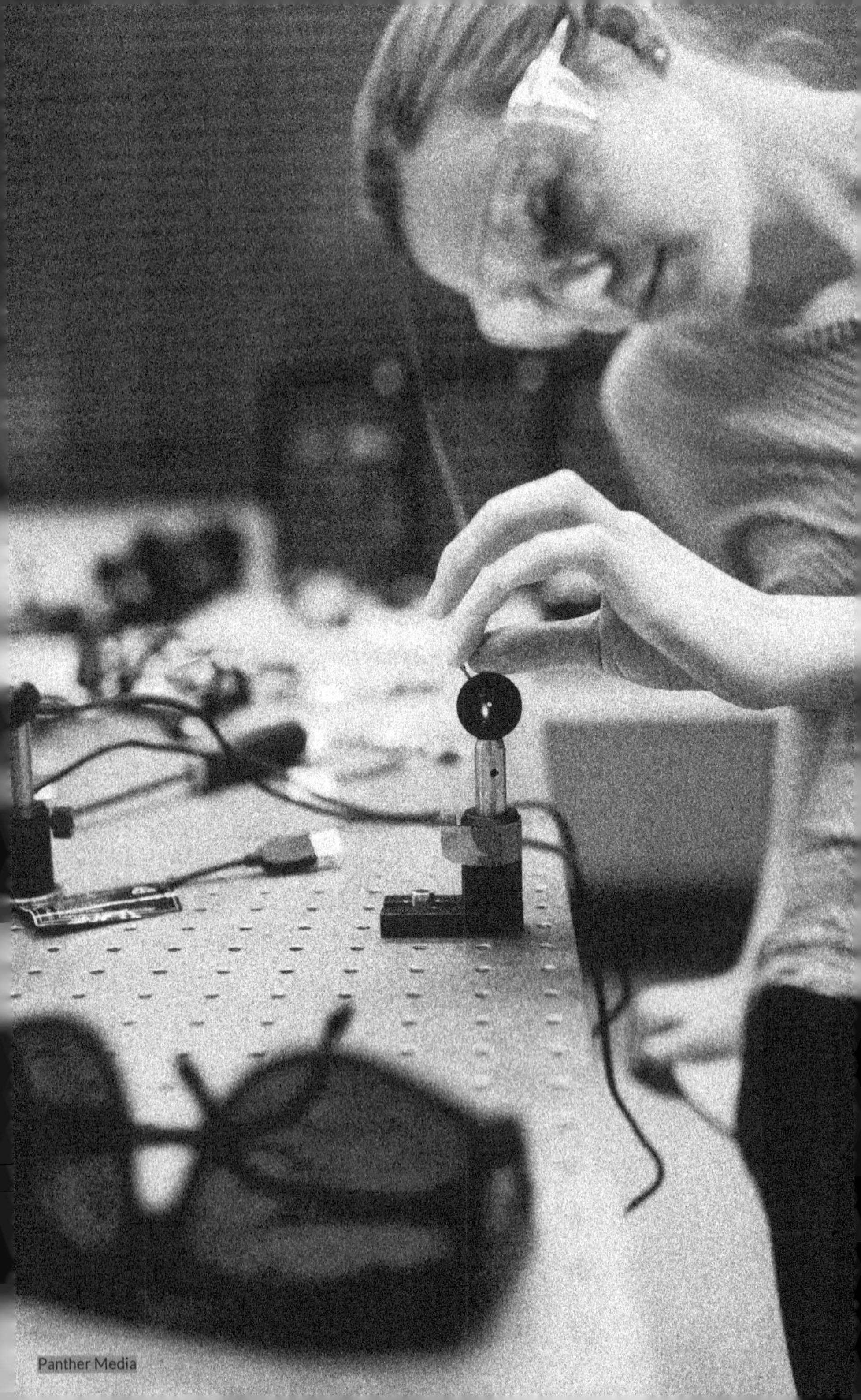
Panther Media

Universidade: como reinventá-la para uma qualidade desencastelada

A universidade surgiu para "desmosteirizar" o conhecimento. Ao longo dos séculos, o conhecimento avançou, livrando-se das ilusões metafísicas e construindo modelos que descrevem a realidade de forma cada vez mais acurada. A universidade foi o elemento determinante na criação e na divulgação do conhecimento. No entanto, ela chega ao começo do século XXI encastelada e encastelando cada vez mais seu conhecimento, que fica defasado diante da velocidade com que o conhecimento real avança e se dissemina fora dela.

Perguntas:
1. Como trazer o conhecimento externo para dentro da universidade?
2. Como trazer para dentro da universidade os temas da realidade?
3. Como fazer com que a universidade crie conhecimento acompanhando a velocidade na qual avança o conhecimento fora dela?
4. Como dar à universidade responsabilidade diante das tragédias humanas?
5. Qual a melhor estrutura para a universidade se livrar da prisão das categorias do conhecimento e passar ao pensamento multidisciplinar?
6. Como levar às ultimas consequências as probabilidade do "ensino a distância", unindo as universidades do mundo e levando-as a todas as partes?

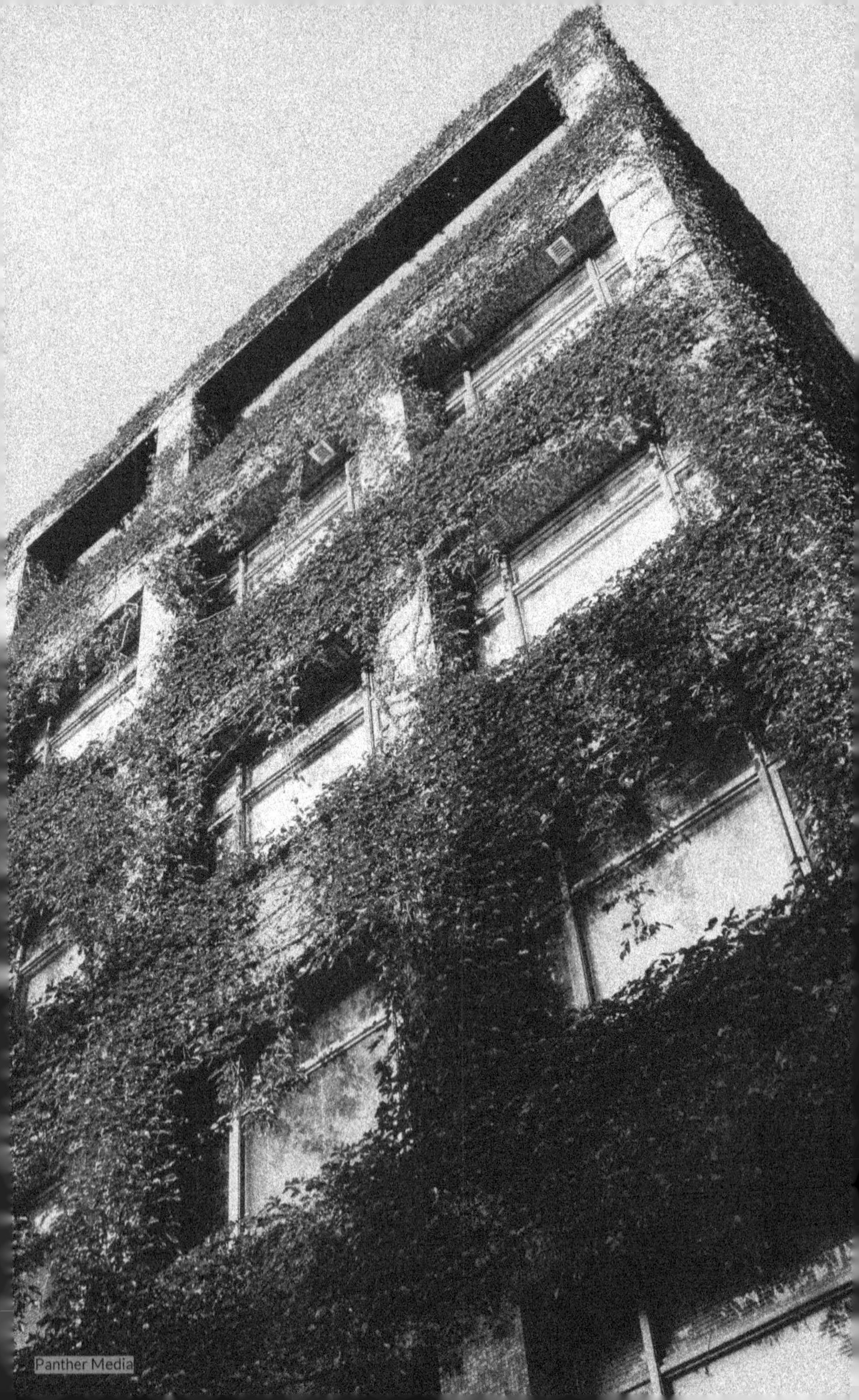
Panther Media

Arquitetura: como dialogar com a natureza?

Até a modernidade, a arquitetura era a resposta habitacional no diálogo do construtor com a natureza. Os arcos medievais e as espessas paredes dos castelos e conventos são exemplos desse diálogo. A arquitetura conseguia construir estruturas sólidas e manter o clima protegido, levando em conta a natureza. A descoberta do aço, do concreto, de grandes superfícies de vidro e do ar-condicionado subverteu a arquitetura do diálogo em uma arquitetura do enfrentamento da natureza. O belo passou a ser o que se comportava rompendo com as forças da natureza, fosse a gravidade ou o clima. Os limites ecológicos vão exigir uma nova arquitetura, que seja capaz de, outra vez, fazer esse diálogo, reduzindo os custos de construção e, sobretudo, de manutenção do funcionamento dos prédios.

Perguntas:
1. Como valorizar o desenho que respeita a natureza e convive com ela, sem abrir mão do conforto, mais do que o desenho que enfrenta a natureza e a domina para impor um padrão de conforto insustentável?
2. Como criar materiais capazes de reduzir o custo energético das construções?

Riscos

Panther Media

Vulnerabilidade: como evitá-la

A primeira grande onda globalizadora provocou uma das maiores catástrofes civilizatórias: o uso de armas e a disseminação nas Américas de doenças europeias pelos brancos destruíram povos e culturas indígenas. Outra vez estamos diante dos riscos criados pelos êxitos da civilização.

Uma das maiores provas do fracasso da civilização industrial é como suas conquistas corrompem e são usadas para ameaçá-la. A civilização industrial obteve tanto êxito que se tornou incapaz de conviver com outras civilizações atuais não industriais, ou mesmo industrializadas, mas com valores não ocidentais. Contraditoriamente, induziu ao terrorismo, como forma de luta, e desenvolveu, ao mesmo tempo, instrumentos poderosos que passaram a ser usados por Estados e pessoas sem valores éticos humanistas.

A globalização e o poder das técnicas provocam uma grave vulnerabilidade ao redor do Planeta. A humanidade não pode aceitar viver sob a ameaça de armas de destruição em massa, utilizadas seja por estados, seja por grupos terroristas. É preciso criar instrumentos que façam o mundo menos vulnerável, mais seguro, inclusive no que diz respeito às doenças, novas ou velhas, transmitidas pela forte mobilização de pessoas, como também aos riscos da integração digital e seus vírus.

Perguntas:
1. Como controlar as forças do terrorismo sem restringir a liberdade pessoal nem a soberania de cada nação?
2. Como eliminar as razões que induzem ao terrorismo?
3. Como fazer com que o mundo seja menos vulnerável às doenças que transitam pela facilidade do transporte?
4. Como proteger o meio ambiente, ameaçado pelo transporte de mercadorias, animais e vegetais?
5. Como proteger os sistemas, que funcionam graças à informática, vulneráveis a vírus e *hackers*?

Panther Media

Tráfico: como impedi-lo

A globalização elevou o tráfico a níveis nunca antes visto, desde a época da escravidão. No presente, o comércio pernicioso se faz com pessoas – mulheres, crianças, trabalhadores –, órgãos para transplante, armas, drogas, entre outros. A humanidade precisa interromper todas essas formas de tráfico.

Perguntas:
1. Como impedir o tráfico humano, seja para prostituição, seja pra o trabalho escravo e a adoção ilegal de crianças?
2. Como regularizar a adoção internacional de crianças?
3. O que fazer para eliminar o tráfico de órgãos?
4. A descriminalização das drogas é o caminho ou seria necessário um maior rigor no combate a elas por meios mais eficazes?

Desarmamento: como conseguir

O mundo gasta anualmente U$ 1,5 trilhão com armas. Além da ameaça que esses gastos promovem, eles são retirados de investimentos que poderiam servir na luta por um desenvolvimento harmônico. Se investidos, por exemplo, em educação, poderiam atender plenamente até 2 bilhões de crianças na escola. A luta por uma civilização harmônica exige, então, a conquista da paz pelo desarmamento.

Uma prova de que a economia dos homens tem sido uma extensão da economia natural – com a utilização de ferramentas criadas pelo engenho natural do ser humano – é como os produtos da tecnologia têm servido às guerras. A disputa humana se faz da maneira mais estúpida: primeiramente porque são usadas armas cada vez mais destruidoras e, até mesmo, autodestruidoras; em segundo lugar, porque essa competição acontece intraespécie, no lugar de interespécies.

Esse clima natural de guerra, na qual são utilizados instrumentos técnicos gerais e sem ética, evoluiu tecnicamente, mas regrediu eticamente: da espada à pistola, da pistola às bombas atômicas e aos bombardeios aéreos, até o presente, com as guerras cibernéticas, feitas por meio de "drones" – armas mobilizadoras que não necessitam da presença de soldados –, que caracterizam o auge da maldade fria. Além da falta de ética, as guerras canalizam imensos recursos financeiros, intelectuais e naturais para a destruição que poderiam ser utilizados para a criação.

Perguntas:
1. Como conseguir levar adiante a conquista do acordo de paz universal?
2. Como reorientar o potencial armamentista, científico e industrial para a produção a serviço de um mundo em paz?
3. Como realizar o desarmamento total?
4. Como criar uma economia em que o valor da bala que assassinou John Lennon ou outro ser humano não seja considerada um vetor de progresso porque aumentou o PIB?
5. Como medir o PIB sem considerar como positivo o valor das armas produzidas, um PIB-PAZ que não leve em consideração as armas produzidas?
6. Como enfrentar a guerra cibernética e conseguir uma cooperação para o desarmamento nesse setor?

Panther Media

Individualidade: quais os limites da privacidade e como assegurá-la?

Desde o Iluminismo, o avanço técnico está abolindo aos poucos uma das maiores conquistas da humanidade: o direito à individualidade. Por um lado, o poder técnico-científico exige o controle do direito individual para evitar a manipulação das técnicas contra a população.

Nessa realidade de armas de destruição em massa, a individualidade precisa ser restringida, como está acontecendo em aeroportos do mundo todo. Além disso, a modernização dos meios de comunicação está fazendo com que a privacidade seja abolida por meio da invasão diária. O futuro vai exigir regras que assegurem o direito fundamental à individualidade e, ao mesmo tempo, garantam os direitos da coletividade, ameaçada pelo poder de alguns indivíduos.

Perguntas:
1. Como garantir os direitos individuais em um mundo de armas de destruição em massa?
2. Até que ponto os direitos à privacidade e à individualidade devem se sobrepor aos direitos da coletividade?

Filosofia

Panther Media

Ingram Images

Felicidade: como facilitar o seu caminho

A *Declaração de Independência dos Estados Unidos da América* considerava a busca pela felicidade um direito inalienável de cada cidadão. A Revolução Industrial substituiu esse direito pelo consumo. Henry Ford dominou Thomas Jefferson no imaginário coletivo dos EUA, e essa ideia se espalhou pelo mundo. A crise do consumismo fez renascer a importância da busca da felicidade como uma alternativa ao consumo. Já se fala, no pequeno Butão, em um FIB – Felicidade Interna Bruta; e em um país com o porte da França, o assunto já é tratado pelo próprio governo – como indica o trabalho dos Prêmios Nobel Joseph Eugene Stiglitz, Amartya Sen e Jean Pierre Fitousse –, que busca medir a qualidade de vida.

Perguntas:
1. É possível alcançar a felicidade sem aumentar a produção e o consumo?
2. É possível um indicador de felicidade bruta de um povo?
3. Se o papel do político é eliminar os entraves que ocorrem no caminho da felicidade, quais ações um governo pode realizar para facilitar a busca da felicidade pelas pessoas?

Condição humana: qual é

Deve-se a Arthur Koestler, ainda nos anos 1950, a ideia de que o ser humano é resultado de uma mutação defeituosa: possui um cérebro lógico, capaz de inventar técnicas com poder planetário e de longo prazo, e um coração prisioneiro do imediato e do local. Dessa forma, a humanidade caminharia, inevitavelmente, para a catástrofe e a autodestruição, como uma espécie animal suicida historicamente.

Panther Media

A crise atual não seria da economia nem da civilização industrial, nem mesmo da mentalidade circunstancial do presente momento histórico, mas uma característica biológica do animal homem, da própria humanidade, da soma de seres humanos incapazes de responsabilizar-se pelo Planeta em que vivem e pelos interesses das gerações futuras. Construímos centrais nucleares para atender a demanda por energia a curto prazo, e somos incapazes de levar em conta os impactos a longo prazo.

Sob essa visão, a humanidade seria um fenômeno passageiro na história do universo e a sobrevivência da espécie humana seria impossível e desnecessária, não justificando qualquer esforço para alcançá-la. Seu desaparecimento seria, então, normal do ponto de vista cósmico. Junte-se a essa dificuldade a questão de saber se o ser humano é capaz de usar seu livre arbítrio ou se está fadado a um fatalismo metafísico, superior à sua vontade.

Perguntas:
1. A crise faz parte das características da civilização ou da essência da humanidade?
2. A minúscula dimensão do fenômeno humano, simples poeira no conjunto das estrelas, justifica o esforço para buscar a sobrevivência da espécie humana?
3. O que há de especial na espécie humana que justifique a luta por uma reorientação do modelo civilizatório?
4. O cérebro humano será capaz de adaptar-se para controlar o poder planetário da humanidade?
5. Será possível controlar eticamente o poder da lógica, pondo-a a serviço de um projeto de longo prazo?
6. O poder científico aliado à voracidade do consumo faz a humanidade carregar um meteoro interno capaz de produzir o mesmo estrago daquele que atingiu a Terra 65 milhões de anos atrás?
7. Somos o nosso próprio meteoro?

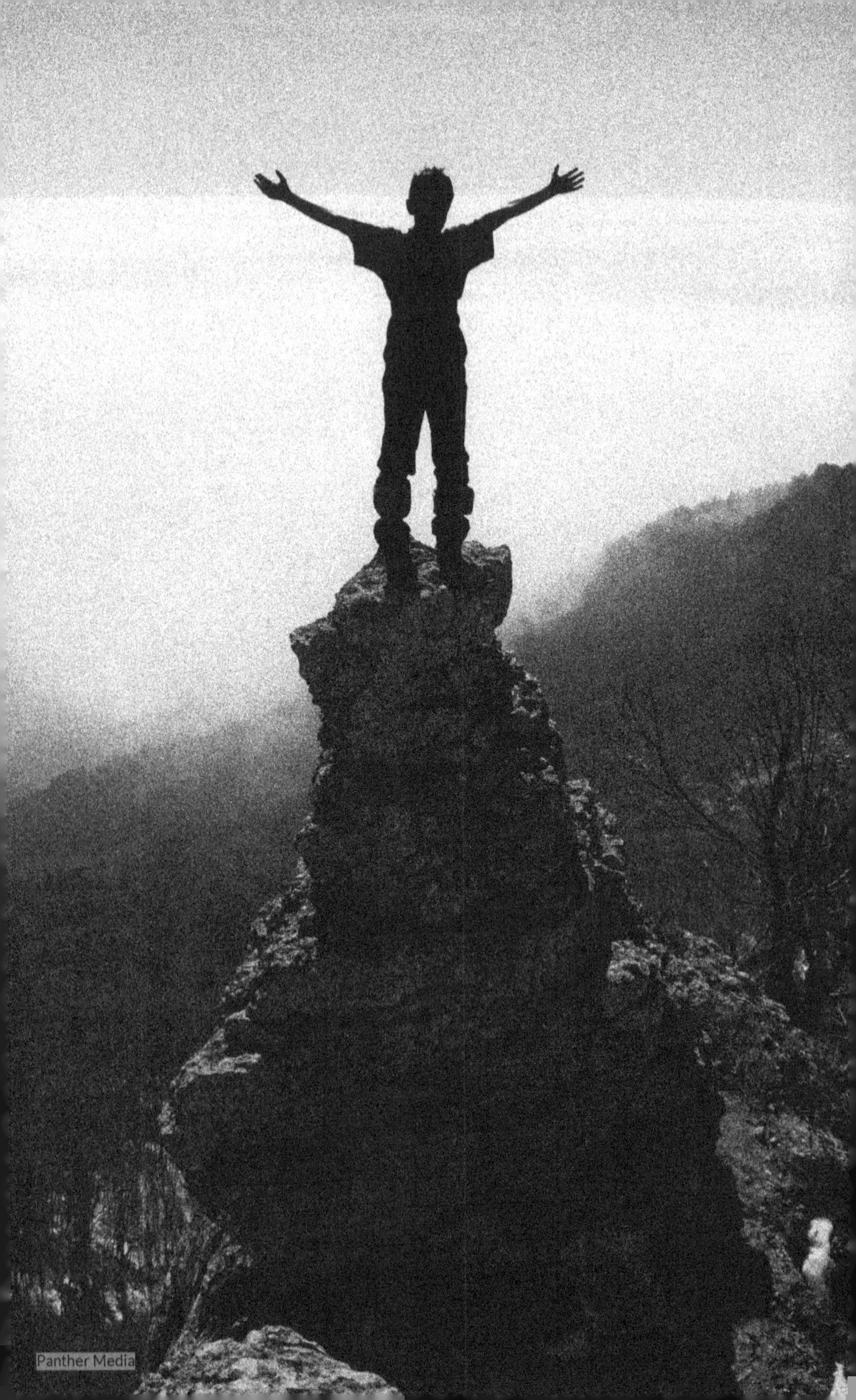
Panther Media

Antropoceno: como administrar

A história da Terra está dividida em períodos, conforme a realidade geológica provocada pela evolução natural do Planeta. Cinco bilhões de anos depois de seu surgimento – a partir da explosão inicial que deu origem ao universo, dez bilhões de anos atrás –, a Terra entra em um novo ciclo geológico, dessa vez criado pela mão e pelo cérebro dos seres humanos. Fruto também da evolução natural, o frágil ser humano adquiriu um poder capaz de remodelar o Planeta.

A realidade geológica já não é mais um produto das transformações espontâneas da própria natureza, mas o resultado das transformações induzidas no Planeta pelo processo econômico baseado nas técnicas criadas pelo homem. O fato de ser o construtor da Terra no seu período – por isso chamado de *Antropoceno* – deveria aumentar a responsabilidade da humanidade no uso do conhecimento técnico e na dinâmica da economia. Mas, até aqui, parece que estamos brincando de Deus, sem qualquer sentimento de culpa ou de responsabilidade.

Perguntas
1. Como usar o poder de criador do novo ciclo geológico para fazer um Planeta melhor, no lugar de depredá-lo?
2. A força de mudar o Planeta deve ser administrada por meio de uma ética que limite o poder das técnicas ou pelo próprio avanço técnico livre, gerando soluções para os problemas que essas técnicas criam?

Utopia: como sonhar

A Revolução Industrial transformou as especulações literárias da Renascença no sonho de utopias possíveis. Antes elas eram imaginadas no espaço geográfico; depois, passaram a ser colocadas no futuro – tanto as geradas no capitalismo, graças às forças livres do mercado, como as construídas pelo socialismo, graças à força do Estado –, usando técnicas de planejamento social e econômico. A realidade do século XXI mostrou que essas duas formas de utopia fracassaram. Percebe-se agora que a riqueza do capitalismo desequilibra a ecologia e aumenta a desigualdade e o vazio existencial; já a igualdade do socialismo limita a liberdade, não liberta da pobreza nem satisfaz existencialmente.

Adota-se, por isso, a ideia do fim da história e a aceitação da tragédia civilizatória. No entanto, a história pode ressurgir por meio do redesenho da possibilidade da utopia: não mais a igualdade plena sem a liberdade, mas a liberdade com desigualdade tolerada dentro de limites sociais e ecológicos; não mais a revolução por meio da política, mas pela garantia de acesso igual à educação, à saúde e ao

Comstock

meio ambiente; não mais a desapropriação do capital, mas o limite ecológico ao consumo; não mais a promessa de riqueza para todos, mas o suprimento das necessidades essenciais para todos.

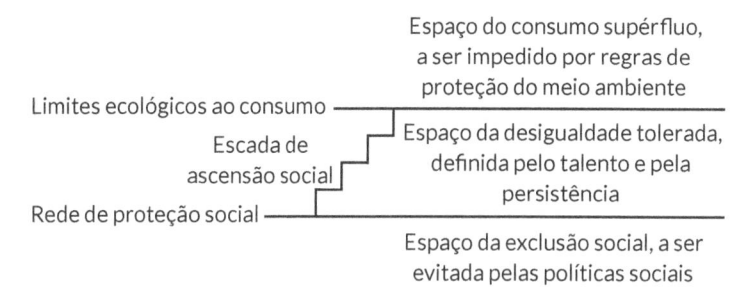

```
                                    Espaço do consumo supérfluo,
                                    a ser impedido por regras de
                                    proteção do meio ambiente
Limites ecológicos ao consumo ─────
       Escada de              ┘  Espaço da desigualdade tolerada,
      ascensão social ┌─          definida pelo talento e pela
Rede de proteção social ───────            persistência
                              ─────────────────────────────
                                  Espaço da exclusão social, a ser
                                  evitada pelas políticas sociais
```

Perguntas:
1. A humanidade ainda precisa e pode sonhar com a utopia?
2. A nova utopia deve se basear ainda na economia ou na educação?
3. Igualdade ou liberdade devem ser o principal objetivo da utopia?
4. É possível liberdade com atendimento de necessidades essenciais para todos?
5. É possível igualdade plena com liberdade?
6. Há razões novas para justificar a igualdade plena do consumo?

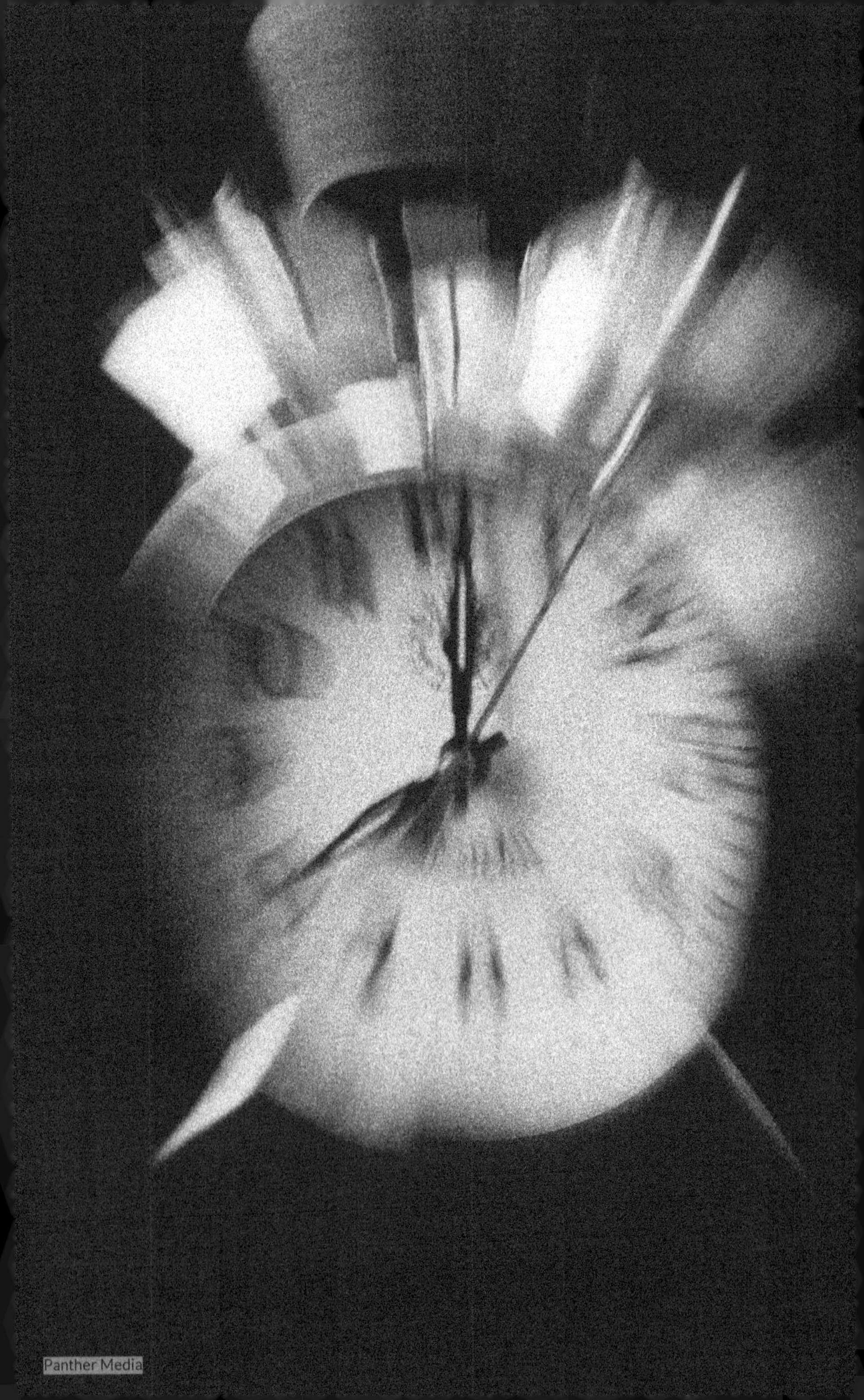

Panther Media

Tempo: o que fazer com ele

Até a Revolução Industrial, os seres humanos eram prisioneiros da falta de consumo; depois, passaram a ser escravos deste. Duzentos anos depois, parte da humanidade permanece escrava da falta de consumo, enquanto outra parte é sua prisioneira. Todavia, ambos os grupos são escravizados. Os prisioneiros da falta de consumo o são porque o tempo de cada um é gasto na luta para sobreviver – no trabalho apenas pela sobrevivência e, muitas vezes, no desemprego. Os prisioneiros do consumo trabalham mais do que o necessário, apenas para conseguirem pagar as dívidas contraídas para poderem consumir mais. A humanidade do futuro não pode se contentar com a aceitação da vida de escravos por causa da falta de consumo nem para poder atender a voracidade do consumo supérfluo.

Perguntas:
1. Como subordinar o uso do tempo para financiar o consumo ao uso do tempo livre para atividades lúdicas?
2. Como subordinar a economia aos interesses de liberdade de cada pessoa no seu dia a dia?

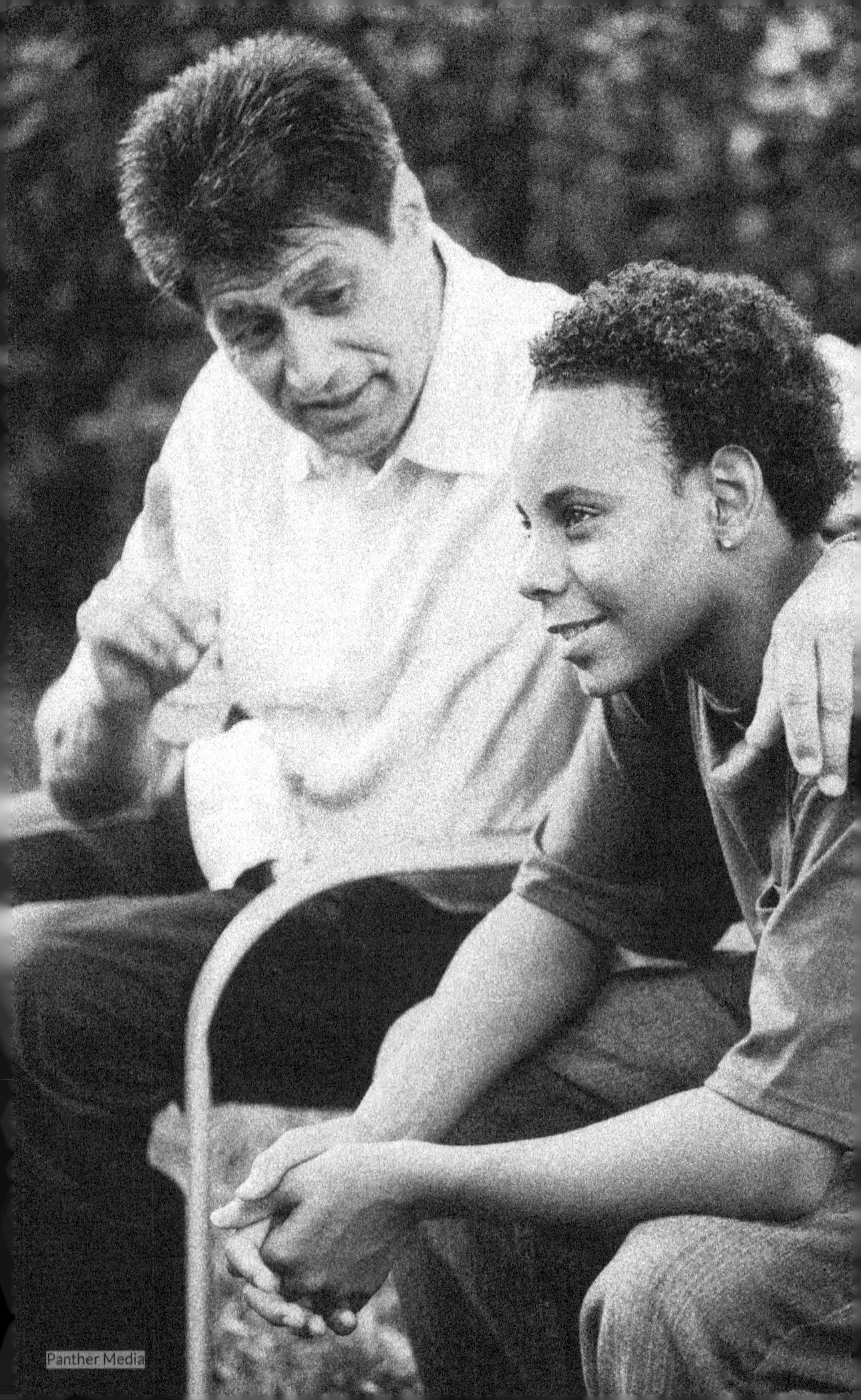
Panther Media

Valores morais: como evoluir

Ao longo dos séculos, houve a evolução de muitos valores morais. No século XX, o direito das "minorias", especialmente, foi um avanço humanista em relação ao respeito às mulheres, aos homossexuais e às diferentes etnias. No presente, começa a surgir o direito das futuras gerações usufruírem do patrimônio natural, ao mesmo tempo que não houve avanço no que diz respeito à criminalização da desigualdade social, ao crime ecológico, aos crimes do sistema financeiro, entre outros. O avanço técnico está induzindo a novos valores morais, que representam uma regressão nos sentimentos humanistas, como, por exemplo: a escolha do sexo do embrião, ou seja, a manutenção artificial da vida; o uso da genética e da biotecnologia na indução de mutações biológicas que, certamente, só beneficiarão a uma parte dos seres humanos.

Perguntas:
1. Como construir um marco de novos valores morais para definir as relações entre os seres humanos e destes com a natureza e as futuras gerações?
2. Como ampliar o conceito de crimes contra a humanidade para incluir os crimes do desenvolvimento econômico perverso?

Ideologias: quais serão

Depois da inesperada queda do Muro de Berlim, passou-se a acreditar no "fim da história" e no "fim das ideologias". O sucesso do capitalismo global-consumista-tecnocratizado construiu a ideia de que o mundo não precisava mais de ideais – no sentido de guias ideológicos que propõem utopias para o futuro. Porém, as sucessivas crises dos sistemas financeiro e econômico dos últimos anos trouxeram outra vez a necessidade de sonhos e, portanto, de ideologias. Mas de um tipo diferente daquelas que prevaleceram ao longo dos séculos XIX e XX – que estavam aprisionadas dentro da economia, diferenciando-se e polemizando, sobretudo, sobre a propriedade dos meios de produção e sobre qual era o papel do Estado.

As novas ideologias precisam ser mais abrangentes do que o tema *economia*. É necessário que abracem a todos os aspectos da civilização, distanciando-se da preocupação com a propriedade dos tradicionais meios de produção estatal ou privado e considerando a ampliação e a distribuição do principal novo meio de produção: o conhecimento. Devem, também, definir a relação correta não apenas entre os seres humanos, mas também destes com o resto da natureza.

Percebe-se, aqui, o impasse que se atravessa: para retomar o equilíbrio financeiro, provoca-se uma redução no nível de produção devido ao controle no nível da atividade financeira e, também, nos serviços públicos, por causa da diminuição dos gastos públicos. Já a retomada na taxa de crescimento provoca impactos negativos no equilíbrio ecológico.

As saídas para as crises econômica, financeira, social e ecológica se opõem entre si: a solução para cada uma delas agrava as demais. A única saída é enfrentar a outra crise – a ideológica – e formular uma nova alternativa civilizatória.

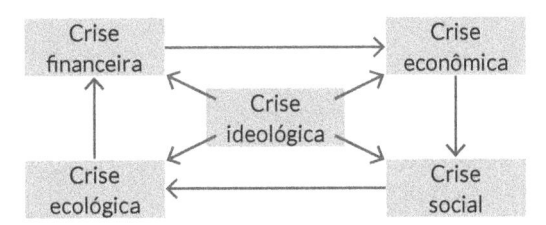

```
   Crise      ───────────▶    Crise
 financeira   ◀───────┐ ┌───▶ econômica
     ▲                │ │         │
     │              Crise         │
     │            ideológica      │
     │           ◀───┘ └───▶      ▼
   Crise        ◀─────────────  Crise
  ecológica                     social
```

Perguntas:
1. Porque os "ismos" do século XX fracassaram?
2. Quais as bases de uma nova utopia?
3. Como redefinir progresso, igualdade e liberdade?
4. Como construir uma teoria de valor que considere os bens intangíveis da cultura e a natureza?

civilização

Comstock

Civilização: para onde ir

Não há dúvidas de que a humanidade deu grandes passos civilizatórios: há mais conforto, menos necessidades básicas, aumento no número de coisas belas e no conhecimento da verdade, proporcionado pela ciência. Se analisarmos a civilização por meio do aumento da convivencialidade, do menor temor do futuro, veremos que ela regrediu; se compararmos a evolução (não a concepção) das armas – do arco e flecha à bomba atômica –, a civilização degenerou-se catastroficamente. O mundo está apavorado com o terrorismo político, com as vulnerabilidades que surgem por meio da interconectividade – comercial, migratória e digital. Por essa razão, a convivência entre as pessoas nas cidades e entre etnias tem se reduzido. Poder-se-ia dizer que a civilização como substantiva da sociedade avançou, mas ficou menos civilizada (como adjetivo social).

Perguntas:
1. Como definir *civilização*?
2. Como quebrar o sentimento, ainda prevalecente, de que a humanidade sempre avança para melhor?
3. Como avançar na questão da convivencialidade entre as pessoas, as etnias e as nações?
4. Como reduzir o medo?
5. O que define o grau de superioridade e a evolução de uma civilização?
6. O que leva a civilização ao colapso?
7. Como incorporar a natureza como parte do processo civilizatório?

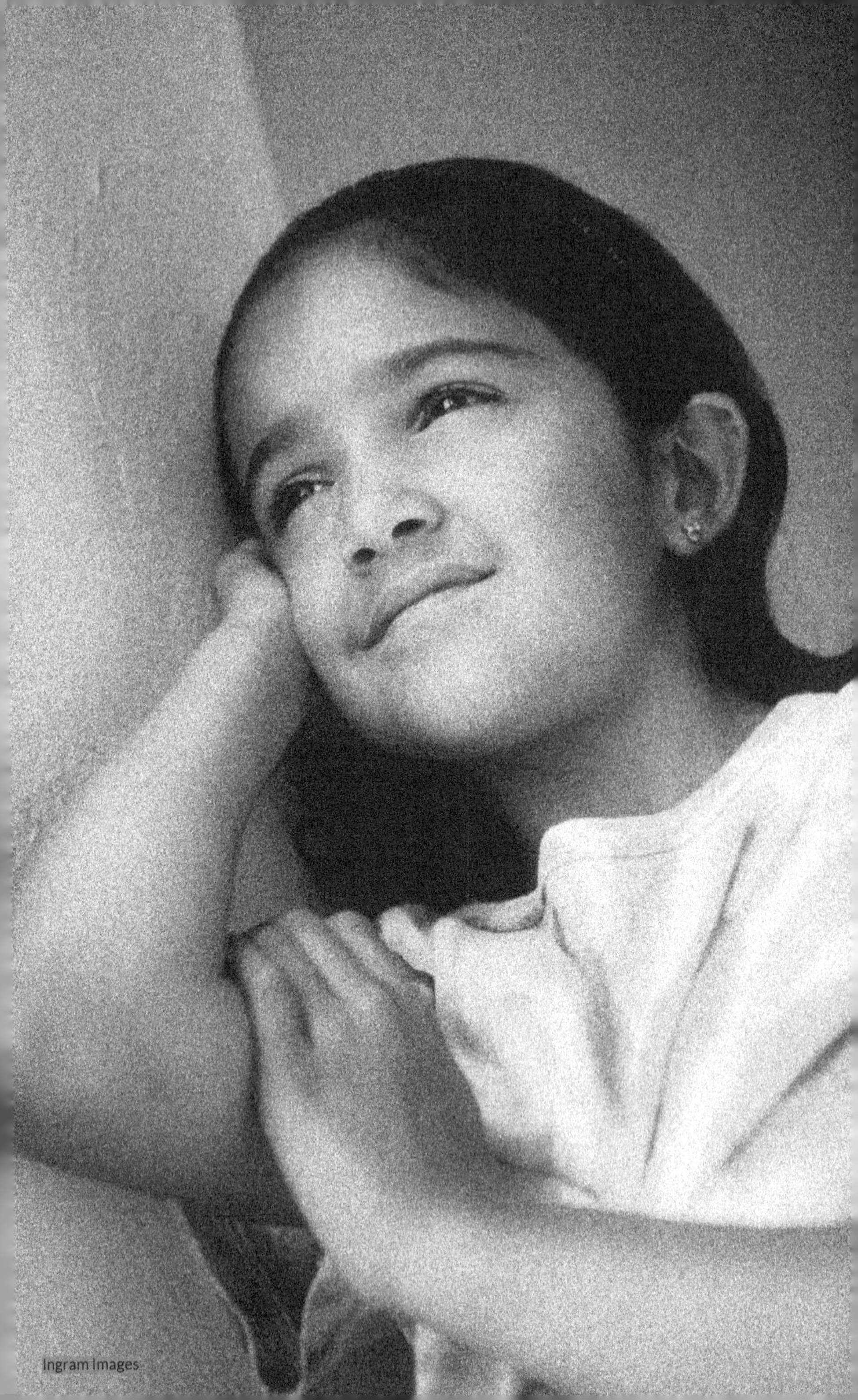

Ingram Images

Metamorfose civilizatória: como fazer

A mudança de rumo da civilização em direção a um futuro onde todos estejam incluídos e a natureza seja respeitada, em harmonia social e ecológica, já não pode ser realizada com base nas revoluções testadas ao longo dos últimos séculos. Não se trata apenas de revolução, mas de uma metamorfose do atual modelo para um novo padrão, o que passa por uma mudança de mentalidade. O caminho está, portanto, na educação, especialmente das crianças e dos jovens.

Perguntas:
1. Como fazer um Plano Marshall Global para a educação que assegure educação de qualidade para todas as crianças do mundo, oferecendo-lhes oportunidades iguais?
2. Como redefinir o conceito de riqueza e inverter a lógica: riqueza no lixo, fonte de energia no Sol sobre o Saara, potencial produtivo nas mãos dos desempregados?
3. Que tipo de educação permitirá a mudança de mentalidade dos futuros adultos?
4. Como utilizar os mais modernos equipamentos pedagógicos, inclusive os novos conhecimentos da neurociência, sem afetar o âmago dos sentimentos que caracterizam o humanismo?
5. Como sair da sociedade do *ter* para a sociedade do *usar*, como forma de construir a sociedade do *ser*?

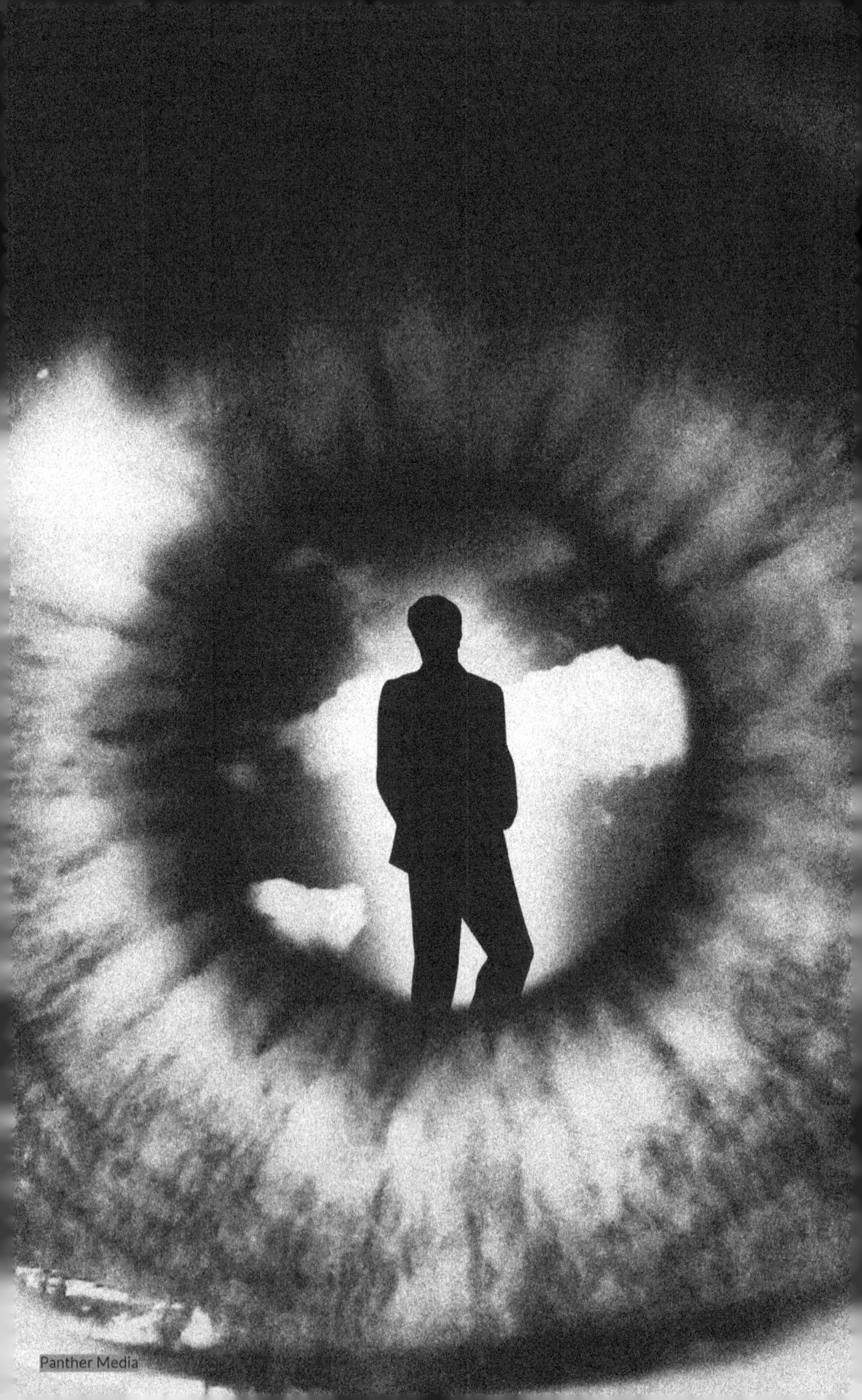
Panther Media

Novo humanismo: como defini-lo

O estudo das humanidades teve sua origem na meia Idade Média, como uma volta às ideias do passado greco-romano. O *humanismo* nasceu no final da Idade Média, com o Renascimento, ainda que o termo tenha surgido somente no século XIX. O conceito e o termo *novo-humanismo* surge agora voltado para o futuro global, na formatação do projeto da civilização a ser construída pelo "homoglobal" de nossos tempos.

A metamorfose civilizatória vai exigir a criação de um novo humanismo – como propôs a senhora Irina Bukova, diretora geral da Organização das Nações Unidas para a Educação, a Ciência e a Cultura (Unesco) –, no qual a harmonia prevaleça sobre o crescimento, a liberdade tolere a desigualdade de renda e de consumo, mas assegure igualdade no acesso aos serviços de saúde e de educação, e a escola de qualidade equivalente para todos sirva com uma escada de ascensão, na qual todos passam a evoluir de acordo com o talento, a persistência e a vocação. Esse novo humanismo precisará basear-se na visão complexa, em lugar do simplismo da lógica tradicional, respeitando a diversidade e redefinindo riqueza.

Perguntas:
1. Como evoluir do pensamento lógico ao pensamento complexo?
2. Como definir *riqueza*?
3. Como implantar limites ecológicos para o consumo?
4. Quais são os instrumentos sociais para a construção do limite social abaixo do qual nenhum ser humano ficará excluído do acesso ao atendimento das necessidades básicas?

Panther Media

Retórica: como apresentar o caminho de um novo humanismo

Nas últimas décadas, dezenas de documentos vêm sendo assinados por governos, como resultado de Reuniões de Cúpula. Desde a *Declaração dos Direitos do Humanos* da Organização da Nações Unidas (ONU), caracterizado por um sentimento relacionado à convivência humana, os documentos internacionais foram decaindo na linguagem burocrática de acomodações para atender as reivindicações de cada governo e de cada grupo: as linguagens perderam a poesia, ficaram tecnocráticas, aborrecidas, sem capacidade de tocar na imaginação das pessoas, especialmente dos jovens.

O documento a ser emitido no Rio, em junho de 2012, corre o risco de ser mais um fraco texto da burocracia diplomática, atendendo a interesses imediatos. Mas essa pode, também, ser a oportunidade de formação de um texto forte, poético, radical, no que diz respeito à questão de para onde a humanidade deve olhar na busca por construir um futuro harmônico entre os seres humanos, as nações e a natureza. Pode, ainda, se constituir uma base para o pacto entre as classes sociais, as sociedades nacionais e as gerações atuais e futuras.

Pergunta:
1. Como escrever um texto que sensibilize a opinião pública mundial e aponte o rumo para o futuro?

Nota sobre o autor

Cristovam Buarque nasceu em Recife (PE). É graduado em Engenharia Mecânica pela Universidade Federal do Pernambuco (UFPE) e doutor em Economia pela Universidade de Sorbonne, na França. Trabalhou durante vários anos no Banco Interamericano de Desenvolvimento no Equador, em Honduras e nos EUA – em Washington, na sede desse banco. Em 1991, prestou o concurso para professor titular da Universidade de Brasília (UnB) – com a tese "Da Ética à Ética – minhas dúvidas sobre a economia" –, onde é professor desde 1979 e da qual já foi reitor. Foi Governador do Distrito federal (DF), Ministro da Educação e, atualmente, além de professor, é Senador, desde 2002, pelo DF.

Ao longo de sua carreira, publicou 27 livros por editoras conhecidas, alguns deles com edições no exterior, outros publicados por entidades como o Senado Federal do Brasil. Mantém há três décadas colunas regulares em jornais nacionais e no exterior, com cerca de mil artigos já publicados, além de dezenas de outros publicados em revistas. É conhecido por suas inúmeras palestras no Brasil e no exterior, nas quais formula uma concepção crítica da teoria econômica e uma visão alternativa para o processo de desenvolvimento civilizatório.

Ficou conhecido também como o *Senador da Educação* a partir de sua campanha presidencial em 2006, quando defendeu a necessidade de o Brasil dar um salto para se transformar em uma economia do conhecimento e em uma sociedade mais justa, ao assegurar educação de base com qualidade equivalente para toda criança brasileira. Faz parte do Conselho Diretor da Universidade das Nações Unidas e Preside a Subcomissão do Senado para acompanhar a Cúpula das Nações "Rio+20", que debate o futuro da humanidade.

Senador Cristovam Buarque

Ala Teotônio Vilela, Gabinete 10,
Anexo II – Senado Federal
70165-900 – Brasília, DF
Fones: (61) 3303-2281
Fax: (61) 3303-2874
cristovam@senador.gov.br
www.cristovam.org.br

Os papéis utilizados neste livro, certificados por instituições ambientais competentes, são recicláveis, provenientes de fontes renováveis e, portanto, um meio responsável e natural de informação e conhecimento.

FSC
www.fsc.org
MISTO
Papel | Apoiando o manejo florestal responsável
FSC® C103535

Impressão: Reproset